城的记忆

CHENG DE JIYI

天津

老城生活

主编 戴晓泉

撰文 张显明

插画 王星

天津出版传媒集团

天津教育出版社
TIANJIN EDUCATION PRESS

图书在版编目(CIP)数据

老城生活 / 张显明撰文. —天津: 天津教育出版社,2017.3
(城的记忆: 天津 / 戴晓泉主编)
ISBN 978-7-5309-8029-3

Ⅰ.①老… Ⅱ.①张… Ⅲ.①城市史—史料—天津
Ⅳ.①K292.1

中国版本图书馆 CIP 数据核字(2017)第 054471 号

城的记忆 天津 CHENG DE JIYI TIANJIN

老城生活 LAOCHENG SHENGHUO

出版人	刘志刚
主编	戴晓泉
撰文	张显明
插画	王星
选题策划	袁颖 王艳超
责任编辑	王艳超
装帧设计	郭亚非
出版发行	天津出版传媒集团 天津教育出版社 天津市和平区西康路 35 号 邮政编码 300051 http://www.tjeph.com.cn
经销	新华书店
印刷	天津金彩美术印刷有限公司
版次	2017 年 3 月第 1 版
印次	2017 年 3 月第 1 次印刷
规格	16 开(787×1092 毫米)
字数	180 千字
印张	15
插页	2
定价	45.00 元

序　言

明成祖朱棣于永乐二年(1404 年)在天津建卫,十一月“命工部尚书黄福、平江伯陈瑄、都指挥佥事凌云、指挥同知黄纲筑城浚池”,这是天津筑城之始。

到光绪廿六年(1900 年),八国联军入侵,侵略者以废除中国防卫能力为由,悍然下令拆除天津城墙,结束了天津筑城防御的历史。

新中国成立后,国家经济得到极大发展,天津市区高楼林立,街道宽阔,城市面貌全然现代化。但是老城厢经过地震灾害,年久失修,相形之下,里巷街道逼仄,通行不便;加之人口繁衍,住房拥挤,私人搭盖,形成众多大杂院;环境卫生很差,危房处处可见,已不适合居住。在党和政府的领导下,结合危房改造,于 2003 年进行房地产开发,正式全面拆除旧城厢,至此昔日老城厢不复存在,仅剩下“老城”这一旧称仍然留存在人们的记忆里。若干年后,人们对老城的印象日渐模糊,许多有价值的史实世事也将随着时间的推移逐渐消逝。

天津老城厢的居民眷恋故土,对居住过的胡同里巷有着深厚的怀旧情愫。他们唯恐老城厢里的事物被忘怀,希望有人能够把它记录下来,传诸后世。一些青年人对其先辈所居住过的老城厢毫无所知,对既往感到陌生又充满好奇,仅能从别人的口述中获取零金碎玉的资讯,甚至讹传,难得全貌。于是有那么一些热心人聚集起来,勇挑重担,撰写了这套书。

全套书图文并茂，分为《老城故里》《老城胡同》《老城生活》《老城逸事》四册，近七十万字，记载了天津老城几百年的历史沧桑。

《老城故里》对天津城内外的官署衙门和学校教育的历史进行了详细梳理与整合，条分缕析，考订源流变迁，溯其原委，穷其究竟，不仅系统真实，而且充分展现了旧城的今昔全貌，可以帮助读者系统全面地了解天津老城厢的过去。其中撰写有聚通恒杨家大院的情况，全面地介绍了津郡著名文人杨一昆的家庭及其后裔的事迹；有津门四大著名书法家之中的孟广慧和高台阶华家华世奎，以及誉满津门的严修、赵元礼等等；此外对姚家大院、乡祠卞家、冰窖胡同李家、益照临张家（海张五）等名门望族都有详细介绍，其中亦有一些鲜为人知的趣闻逸事。

《老城胡同》是作者们不辞劳苦，遍走旧城街道通衢各处，踏查里巷院落的结晶，足迹所到，通过镜头、文字记录了老城四通八达的主干分支以及犹如四肢百骸的许多胡同里巷，抢救性地拍摄下旧城拆迁前的最后景象，为我们保留老城的史实作出巨大的贡献。虽然现在老城厢旧址上面高楼林立，已非旧观，但书中的照片和插图为我们回忆旧城提供了乡愁的依据。

《老城生活》在天津人的衣食住行部分，尤其是吃的方面，也有精彩记述。天津人讲究吃，本书就汇集了诸多天津著名的菜肴和小吃，颇具地方特色。

《老城逸事》记录了许多耄耋老人的口头叙述，这些提供者的娓娓而谈翔实具体，有些事迹堪称珍贵史料。这些口头叙述犹如活化石，为老城历史定格，让人备感亲切。

总之，本套书从多角度记录了 2003 年天津老城拆迁前的景象，是一套史料丰富、知识性趣味性很浓的读物，可以充分满足人们怀旧的心理需求，是可读性强的巨著。类似这样的书籍我也读了不少，但是像本套书这样概括各个方面，系统而真实、细致而深入的尚不多见，因此值得向关心老城、热爱乡土的读者们推荐。它们像一束艳丽的花朵，悄然绽放，作为纪念老城厢、怀念老城厢的凭据。

天津市艺术研究所　张国贤

2016年6月　时年九十

前　言

这套记录天津故城的丛书历经三载终于付梓，成书的过程很是艰辛亦颇为传奇，让我们这有老有少的七人团队有机会在一起共同书写天津老城的往事。

2013 年 8 月，天津电视台播出了我的一小段专访，几天后，天津教育出版社的袁颖女士就找到了我。因在节目中我提到希望出版一本关于天津老城的书，她愿与我共同完成这个愿望，正是她的慧眼成全了这部多视角书写天津老城的作品。

天津于明永乐二年（1404 年）设卫筑城，至今已六百余年，过往的岁月中，她经历了纷繁的风云变幻并积淀了丰厚的老城文化。

2003 年开始，天津老城迎来了她建城后最彻底的脱胎换骨的变革，几年间老居民换新业主、老房屋换新大厦，如今已是高楼林立、别墅遍布。

那曾经的老街、老院、老屋、老邻、老树……是我们生活中抹不去的记忆，也见证了天津的发展与繁荣，记录着这座城市的荣辱兴衰。

天津老城内自明至清曾有几十座衙门分布其中，管理着城内外的诸多民间琐事、商务往来乃至国防大事、课税要务，而衙署驻地则数次变迁，改弦更张之事也时有发生。古时有城便有墙，天津也是如此，城中自鼓楼又辐射出东、西、南、北四条大街，直达四个城门。这田字形的城中，先后分布着文庙、武庙、书院以及后来众多的教育机构，绵延着天津的文脉，见证了天津现代教育的开端。曾世居城里的青年学者李弢先生在《老城故里》一册中对天津城内外的官署衙门和学校、教育的历史进行了详细梳理与整合，并与其他成员一起写成了“城埠春秋”“古卫城垣”，以及“文脉相承”一章中的“教化育人，传承有序”。

津城之内，尤其是清代以来，曾居住着众多的富商巨贾、文人墨客，天津民间所称的“新、老八大家”有很多也是世居城中。我有幸因老城邻友会而结识天津民国四大书法家之一的孟广慧后裔孟宪宁老先生，他为《老城故里》撰写了“故居选辑”中的“鼓楼东姚家”“书坛大家孟广慧”“高台阶华家”“冰窖胡同李家”等，并在成书的过程中将自己曾经编书的经历与经验同大家分享，让我们少走了很多弯路，促成了书稿的顺利完成。

天津老城中那三百多条胡同里巷，见证了天津城六百年的沧桑变化。如今胡同没有了，但幸运的是在大规模拆迁之际，我们用照片记录了那些远去的情景，兼有文字记录，以便回忆胡同生活的点滴。我和王鹏用一册书记录了我们所了解的胡同。王鹏酷爱考古，在老城拆迁时以考古者的视角拍遍了老城的西北角片、西南角片，而我则以原住民的视角拍遍了老城东北角片、东南角片，虽然当时互不认识，但十年后合作撰写《老城胡同》时，冥冥之中的默契互补，让人感觉到“城缘”的神奇。

天津是个移民城市，五方杂处，经过几百年的融合，形成了特有的文化积淀，百姓生活中的衣、食、住、行各有特色。茶园、茶楼、戏院、影院遍布老城内外。有数百年历史的天津“皇会”异彩纷呈，曾经消失了几十年，如今又恢复了盛况。天津城中孕育了很多民间工艺，涌现了不少能工巧匠。百姓的婚丧嫁娶、过年过节等都各有规则、各有礼仪，形成了很多“妈妈例儿”。在天津特有的方言岛中产生了风趣朴实的天津方言。这些市井百态构成了天津独特的民俗特征。这些内容由天津民俗专家、八旬老人张显明执笔，写就了《老城生活》，而这位老人则是我在拜读他的博客时结识的。

晨钟暮鼓，以鼓楼为中心的天津老城厢是天津的起点，这座算盘城中留下了很多精彩的故事，虽然随着城市的变迁，承载这些故事的老房子、老胡同已然消失，但在这片土地上发生的故事仍在那些搬走的百姓中口口相传。在一次采访中，我结识了晓渔女士，她将自己采访老城人的记录精心梳理，写就了《老城逸事》，让这些老城居民、望族之后、研究学者所经历、所了解的老城故事跃然纸上。

这套书是记录历史的，但很多历史的场景我们没有亲历，由于年代久远也罕有影像资料，如何更好地将历史呈现给读者，曾是我们最为挠头的事。正当愁眉不展之际，一次同学聚会让我将青年画家王星邀入了"城书"的团队。这一画就是三年多，书中四十余幅插画大多是以线描为主的小写意人物画，皆是她一人所绘，每幅作品都精益求精，尽可能地贴近史实并与文字相呼应。这些插画本身自成一部写实风格的连环画卷，描绘着天津老城的跌宕史诗。

为了完成这套书，大家都将自己积累多年的素材和研究成果献出，在完成各自主撰分册的同时，各取所长，互相补充。张显明先生为《老城故里》一册撰写了"老城当铺与估衣商"；孟宪宁先生为《老城生活》一册撰写了"花样精彩进宝斋""扎彩名家天润斋""魏氏风筝长清斋"；王鹏先生为《老城故里》一册撰写了"天津老城的宗教建筑""商贾云集，会馆精美"；我则为《老城故里》一册撰写了"出版印刷，琳琅满目""环城马路的繁华商业""天津商会在老城"，为《老城生活》一册撰写了"电信邮政老城缘"一文。本套书共分四册，除了近七十万的文字和四十余幅手绘插画外，还配有九百余幅插图，大多为我和王鹏等本书编写组成员所拍摄或收藏，还有一部分图片则由老城邻友提供，均在相应图片说明中标示，在此表示感谢！

成书的过程中有幸得到了天津史学界专家和乡贤后裔的支持。天津清代名举人杨一昆的后人杨力女士为《老城故里》撰写了"聚通恒杨家"一文并提供了珍贵的历史图片；清代名士李春城的后代李庚翔、李学泓等人认真审核、修改了“冰窖胡同李家”一文，并提供了珍贵的历史照片；天津社会科学院研究员、乡祠卞家后人卞学诊之夫罗澍伟老先生为《老城故里》赐稿“乡祠卞家”一文；天津市艺术研究所研究员、清雍正年间的津城名师张志尧后裔、九秩高龄的张国贤老先生多次审阅书稿、提供资料，为本书提出了很多宝贵的修改意见。对他们的大力支持，我在此表示由衷的感谢！

此外，天津图书馆、天津博物馆、天津档案馆、南开区档案馆等馆藏的开放也为本套书的考证工作提供了很大的帮助。

希望这套图文并茂的书能为人们追忆天津、了解天津、认识天津提供些许便利。

戴晓泉

2016 年 6 月

目录

目录

谨以对天津老城厢的文字描摹与影画记录，

作为我们乡愁的凭据和对过往生活的纪念。

缤纷服饰

服装因时代变迁、四季交替而变化，社会上不同阶层、不同职业的人，着装也各有特点，官员、富商、文人、武士和劳动人民各有不同的穿着打扮。天津地处北温带，夏季无南方的酷暑，冬季也不似东北的严寒，冷暖比较适中。俗话说穿衣戴帽各有所好，不同性别、不同年龄的人，着衣习惯也不尽相同。于是，因服饰而生的店铺遍布老城厢，令天津人的服饰异彩纷呈。

官服与民裳

明代服饰多尚武

·明代三品武官常服

朱元璋建立大明王朝后，厉禁宋元以来流行于中土的胡语、胡姓、胡服，极力恢复汉人衣冠制度，诏“衣冠悉如唐制”，但由于种种局限，最终也只恢复到宋制，并有所发展。

官员服饰

1402年，朱棣即位，是为明成祖，年号永乐。为了纪念所谓“龙兴之地”，朱棣把这个“天子渡河之地”赐名为天津。“天”是天子的意思，而“津”是指渡口的意思。天津得到赐名后，于同年设置了军事建制“天津卫”。在天津，军官、士兵及军属是城中的主要居民，故他们的服装是城里的主流。明朝，天津设有天津卫、天津左卫、天津右卫等三个卫指挥使司衙门。每个卫的长官为指挥使一人，正三品；副长官为指挥同知两人，从三品；属员有指挥佥事四人，正四品；镇抚司镇抚两人，从五品；经历司经历，从七品；知事，正八品；吏目，从九品；仓大使、副使各一人，没有品级。每个卫下辖五个千户所，正千户是正五品，副千户是从五品，每个千户所下辖五个百户所，百户为正六品。到万历四十八年，天津又设总兵一人，为正二品。崇祯十三年，天津又添设城守营，长官是游击，从三品。这时天津的武职官员自二品至九品多达三百多名，可谓武将云集。不同等级的服饰是有区别的，从头上看，头戴的梁冠可以区分官级，一品为九梁冠，二品为八梁冠，每低一品少一梁，九品是一梁冠。办公时穿的官服也叫公服，不同级别的官员，服装颜色有区别，一至四品绯红色，五至七品青色，八、九品绿色。再有就是官服的胸前和后背绣有象征官员品级的方形补子，文武官员不同：文官绣禽，以示文明；武官绣兽，以示威猛。文官一品仙鹤，二品锦鸡，三品孔雀，四品云雁，五品白鹇，六品鹭鸶，七品鸂鶒，八品黄鹂，九品鹌鹑。武官一、二品为狮子，三、四品为虎豹，五品为熊，六品为彪，七品、八品为犀牛，九品为海马。按规定如果升了职，原品级的补服仍可继续穿，如果降了职，原品级的补服就不可再穿了。武官在有军事活动时要穿盔甲。除了公服，还有吉服、祭服、常服、素服，需在不同场合穿戴。

明代称各级官员妻子为命妇，她们的服饰和丈夫的官级相匹配，衣服的颜色一至五品紫色，六、七品绯红色。一品命妇穿红罗团衫，上绣九行雉鸟纹，二品八行，每低一品少一行，直到七品三行，七品以下无绣雉。凤冠上面饰品也不同，一品的冠饰极多，逐级减少。

平民服饰

由于天津位于南北运河交汇处，是漕运中转枢纽，居民来自全国各地，五方杂处并不闭塞，平民服饰与北方各城镇没有什么差异，老城里的居民穿衣打扮都是当时流行的式样。过去天津有“北门富、东门贵、南门贫、西门贱”之说，因为北门一带商业繁荣多富商，东门一带多官署和官宦人家，而南门、西门多为平民和贫苦人家。由于身份不同，服饰亦不同。富商大贾往往衣着考究，为显示其身份显贵、气派，常着宽袍长衫；劳苦大众则尚勤俭朴素，干活利落，多为短衣襟打扮。

· 明代百姓服饰

先说帽子。朱元璋召见明初士人杨维祯，见杨维祯头上的方巾样式古朴，就问杨维祯戴的是什么。杨维祯回答说："这叫四方平定巾。"朱元璋觉得"四方平定"象征了他的大明江山天下太平，于是加以赞赏，从此这种方形软帽就在文人中盛行开来。

网巾，是一种用头发或马尾编织成的圆网，网口有布边和绳带，顶上有圆孔可以露出发髻，供男子使用。据说有一次，朱元璋夜间微服出游，到了神乐观，见一道士在灯下用马尾编结一个小黑网，就问："这是何物？"道士说："此为网巾，用以裹头则万发俱齐。"朱元璋很感兴趣，于是将此网巾式样颁行天下。因该网巾罩在头上，能把散乱的头发全罩在内，绳带收紧，万发归于网内，显得干净利落，遂得雅名"一统山河"。外出时，可以再戴上帽子，无论是官宦富商还是平民百姓均可使用。

小帽，也叫圆帽，是用六块布料缝制而成的半圆形帽子，下边镶帽口，中央帽顶简单地用布盘成疙瘩。身份尊贵者可用珊瑚、水晶等各种贵重材料磨成圆珠做帽顶，用各色绫罗、绸缎、呢绒等做面料。普通人多用普通布料制作，以黑布居多，办喜事时盘成红疙瘩，办丧事时则换成白疙瘩。这是一种很大众化的帽子，贫富人家都可以戴，到了清代仍很流行，俗称瓜皮帽。

马尾透风巾，用长马鬃编织而成，透气性好。

毡帽，以毛毡为原料制成，中有圆尖顶，外有帽檐，戴时可将帽檐卷成前高后低，不妨碍视线，有保暖作用，是天冷时戴的。

披云巾，比较讲究的棉帽，以绸缎为面，内以棉絮为胎或用厚毡为里，顶部呈方形，后面制成披肩搭在后背御寒。

此外还有瓦楞帽、边鼓帽、鞑帽、斗笠、草帽等，分别适合不同阶层的人在不同季节佩戴。如仿古式样的，多用古人名命名，像东坡巾、纯阳巾、诸葛巾等，是深受文化人喜欢的传统样式。

明代服装的特色是宽衣大袖，与唐宋服装相比有一处重要改进，那就是唐宋时期衣服用布条扎结，而明朝有了疙瘩襻和纽扣。

袍服是明代男子的主要服式，官宦士庶均可穿着，只是颜色有所区别。平民百姓所穿的盘领衣必须避开玄色、紫色、绿色、柳黄、姜黄及明黄等颜色，其他如蓝色、赭色等无限制，俗称"杂色盘领衣”。明代贵族男子便服样式为大袖交领右衽大袖。

斜领蓝袍，为举人、贡生等儒士穿用，衣袖宽大，四周镶大宽边，因与道士的道袍款式相同，俗称道袍。

明代劳动人民所穿的短衫多为交领式，以土布、粗布为衣料。身份尊贵者穿的祭服、燕服也为交领式，但衣料考究，做工精细。

高圆领的长衫是常服，下摆左右开衩，身份尊贵者多为宽袖或大袖，普通百姓穿的都是窄袖，只有年过花甲的老人才可以用宽袖。

半长袖对襟短袄，原为劳动人民骑马所穿，因穿着方便，士大夫也普遍穿用。民间所穿短衣，也多为交领服装。

比甲，也叫马甲，是无袖无领的对襟式上衣，在明中期是青年妇女穿的半长外衣。还有一种比甲略长些，两肩从无袖延成超短袖，叫罩甲。

对襟衫，是对襟长衫，下边与裙子齐，左右开衩，为妇女便服。合领对襟大袖者为较有地位的妇女所穿，而直领对襟小袖者为普通家庭妇女所穿。

明代妇女流行的装束，就是上穿对襟衫，下着挑线裙子，脚裹三寸金莲高底鞋，天冷外罩比甲，额裹眉勒，头梳各式发髻，插戴钗钿。

清代装束渐纷繁

清代和明代的服装不同，明代服装讲求宽松，清代旗装为便于骑马射箭而讲究利落。旗装用料节省，制作简便，这是后来为汉人接受的主要原因。

顺治九年，颁布了《钦定服色肩舆条例》，强行废除汉人传统服饰，改成满族装束。最初汉人心怀不满，引发满汉民族矛盾。经过一系列的明争暗斗，清政府不得不做出一些让步，形成了“十从十不从”的约定：

“男从女不从”：男子剃头梳辫子；女子仍梳发髻，不梳旗头，旗女不裹脚，汉人妇女仍按旧俗自幼裹小脚。

“生从死不从”：允许活着的人穿清朝服饰；死人则穿明代服装入棺下葬。

“阳从阴不从”：在阳世间要遵守大清律；办丧事、出殡、做佛事、超度之类，仍按汉人传统习俗办理。

“官从隶不从”：当官的顶戴花翎，身穿清代官服；衙门里的捕役人员依旧是汉人的打扮。

“老从少不从”：成年人必须剃头留辫子；儿童发式自由。

“儒从而释道不从”：儒士必须改穿旗人的服装，并剃发留辫；和尚、道士不改装。

“娼从而优伶不从”：妓女要穿新式服装；唱戏的在戏台上演古装戏，仍穿古装。

“仕宦从婚姻不从”：官员必须穿清朝官服；而结婚时新郎穿明朝大红官服，新娘着明朝诰命夫人的“凤冠霞帔”。

“国号从官号不从”：国号改为清朝；官号仍沿袭明代的名称和品级。

“役税从文字语言不从”：清政府强化满语的地位，但汉人无论是上学读书、科举考试，还是日常所用语言文字，均使用汉语言文字，所以清朝历代皇帝都得学习汉语言文字。

官员服饰

清代官员服装虽然和明代不同，但官服上不同品级的补子变化并不大，只是清代官服前边是对襟的，所以前面的补子分成左右两片。

清代天津的建制发生了很大变化。先是顺治九年,“三卫”合“一卫”,实际是左卫、右卫两卫并入天津卫。卫的长官也不叫指挥使了,改叫掌印守备,是正五品。卫以下设左、中、右三所,长官是千总,正六品。再以下设汛长官,是把总,七品。清代,天津最高武官是正二品的总兵,天津原有左营、右营、城守营首领,都是从三品的游击。康熙四十年,左营提升为正三品参将,雍正十年又升为从二品副将,服饰须严格按照规定的品级穿戴。

雍正年间,天津的体制又发生了变化。雍正三年,天津改卫为州,设知州为文职官,从五品。雍正九年,又升为天津府,辖天津、武清、静海、盐山、南皮、庆云六县和沧州。这时,天津已从军事建制转型成为工商业城市,在城里建立了府署和县署,知府从四品,知县正七品,文职官还有整饬天津道(津道衙门)、长芦盐运使(盐道衙门),两位道台都是正四品。到清末,天津开埠有了租界,又设海关道,道台也是正四品。直隶总督也在天津设立行辕,总督裕禄、曾国藩、李鸿章都经常在天津办公。而守卫天津的武将聂士成官居提督,是从一品。1902年,袁世凯任总督,把省会从保定迁到了天津。

· 清代四品和七品文官朝服

文官各品级的补服和帽顶:

一品仙鹤补,朝冠顶饰东珠一颗,上衔红宝石,吉服冠用珊瑚顶;

二品锦鸡补,朝冠顶饰小宝石一块,上衔镂花珊瑚,吉服冠用镂花珊瑚顶;

三品孔雀补，朝冠顶饰小红宝石，上衔小蓝宝石，吉服冠用蓝宝石顶；

四品云雁补，朝冠顶饰小蓝宝石，上衔青晶石，吉服冠用青金石顶；

五品白鹇补，朝冠顶饰小蓝宝石，上衔水晶石，吉服冠用水晶石顶；

六品鹭鸶补，朝冠顶饰小蓝宝石，上衔砗磲，吉服冠用砗磲顶；

七品鸂鶒补，朝冠顶饰小蓝宝石，上衔素金顶，吉服冠用素金顶；

·清代一品文官朝服

八品鹌鹑补，朝冠阴文镂花金，顶无饰，吉服冠用镂花素金顶；

九品练雀补，朝冠阳文镂金顶，吉服冠用镂花素金顶。

武官各品级的补服和帽顶：

一品麒麟补，朝冠顶饰东珠一颗，上衔红宝石，吉服冠用珊瑚顶；

二品狮子补，朝冠顶饰小宝石一块，上衔镂花珊瑚，吉服冠用镂花珊瑚顶；

三品豹子补，朝冠顶饰小红宝石，上衔小蓝宝石，吉服冠用蓝宝石顶；

四品老虎补，朝冠顶饰小蓝宝石，上衔青晶石，吉服冠用青金石顶；

五品熊补，朝冠顶饰小蓝宝石，上衔水晶石，吉服冠用水晶

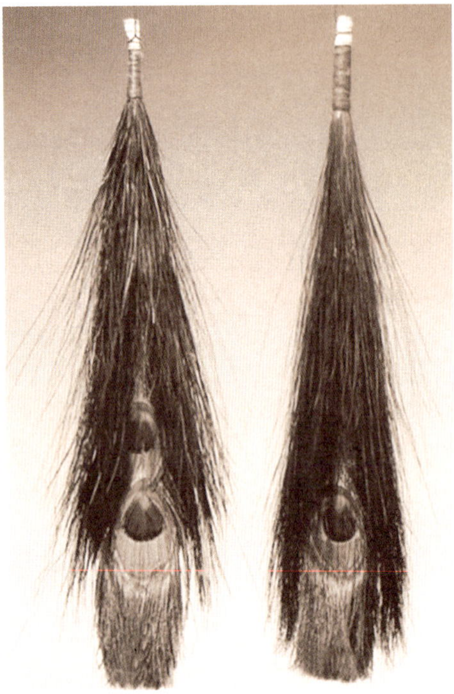

· 左为双眼花翎，右为单眼花翎

石顶；

六品彪补，朝冠顶饰小蓝宝石，上顶砗磲，吉服冠用砗磲顶；

七品犀牛补，朝冠顶饰小蓝宝石，上顶素金顶，吉服冠用素金顶；

八品犀牛补，朝冠阴文镂花金，顶无饰，吉服冠用镂花素金顶；

九品海马补，朝冠阳文镂金顶，吉服冠用镂花素金顶。

清代文武官员各品级的区别：一是补子绣的花样不同；二是帽子上的顶子颜色、质料不同；三是看翎子。顶子后面有个翎管，里面插着翎子，五品以上的翎子用孔雀翎，叫“花翎”，六品以下官员是鹖尾，叫“蓝翎”，俗称野鸡翎子。直隶总督是一品官，人称“亮红顶子大花翎”。对功勋卓著的大臣，皇帝赏赐双眼花翎，是有两个孔雀翎眼的翎子，直隶总督李鸿章就曾获此殊荣。

至于翎管有翡翠、玉石、象牙等各种材质，贱者每个价值不过二三两银子，贵者价值数千两。曾任直隶总督的荣禄，他的“玻璃翠”翎管当时价值白银一万三千两，非常名贵。

清代官员的礼服分吉服和丧服两类。文武官夫人所着补服随夫品级，补子的形制为方。清朝命妇的各品级蟒袄均以绣蟒为装饰，这一点与明代有些不同，明代命妇大衫不绣蟒，而只绣雉、孔雀、鸳鸯和练鹊。无品级的夫人用天青色大褂，无补子，红裙，衣袖口边镶绣可随意，而妾只能用粉红色和淡蓝色。清代官宦人家的女子服装，也分公服、礼服和常服。公服是自皇后至七品命妇按品级规定的服制；礼服分吉服或丧服；常服是平时穿的，由于年龄不同，四季温度不同，款式多样，衣料比平民的考究些。

平民服饰

清代老城里的男人，生活条件较富裕的一般备有四种服装：礼服、常服、雨服和行服。主要是长袍和马褂，马蹄袖是清代上衣的共有特点。长袍造型简单，立领直身，偏大襟，前后衣身有接缝，下摆分两开衩、四开衩、一裹圆（不开衩）几种类型。

马褂即行服，又名"德胜褂"，自康熙年间进入富家后，军服也用此制。长袍外面罩的马褂长不过膝，袖宽且短。马褂作为外用，又分单、夹、棉几种，一般采用石青、绀色、黑色等素色，不用亮纱原料。乾隆年间，有翻毛皮马褂，为贵族服用。官员着褂，在胸前背后缀有补子，叫"补褂"。清初，马褂多采用天蓝色。乾隆时，以玫瑰紫为佳。清末，深绛（赤、大红）最流行。

马褂有长袖、短袖之分，但无论长短，袖子都是宽肥的。马褂有对襟、大襟和琵琶襟几种式样，以衣襟区别使用范围：对襟马褂是礼服；右大襟镶黑边饰的马褂是常服；而缺襟马褂，即琵琶襟（又称"乌龙"）的马褂是行装。

清代的上等褂子为黄马褂，这种马褂属于皇帝的最高赏赐，天津城里的乡祠挎鼓会就曾得到乾隆赏赐的八件黄马褂。

而生活清苦的普通劳动人民为了干活方便，往往上身穿对襟褂子，下身着挽裆裤。冬天外衣为"二大棉袄"，下身穿棉裤，也有人穿只有两条裤腿的棉套裤。夏天则是短袖褂、大裤衩，这些都属短衣襟小打扮。

清军入关后开始普遍使用纽扣。受八旗兵的甲衣影响，同时也受到国外输入商品的影响，纽扣才逐渐在衣服的领边和襟边普遍使用。自清代旗装使用纽扣以后，衣领的形状开始发生明显的变化，

·清代百姓服饰

出现了清代以前从未有过的立领，襟边不外露，内衫也与前不同，大镶大滚的工艺边饰更是不一般，因而对裁剪缝纫技术也有了更高的要求。

清朝男子发式与明朝不同，明朝汉人男子不剃头，蓄发在头顶挽成发髻，而清朝是满族统治天下，强迫汉人改成满族发式。顺治二年，颁布“剃发令”，男子必须将头顶前半部头发剃光，只留后半部头发编成发辫，以旬日为限，剃头者算归顺大清的顺民，逾期仍不剃者，按叛逆治罪——“留发不留头”，拒不剃头者要斩首。天津当然也不例外。这条辫子平时垂在后面，劳动时可以盘在头上或绕在脖颈上。

发式变了，明代流行的许多帽式也不再适用。平民百姓平时最流行的是瓜皮帽，夏天戴草帽，冬天戴毡帽；老人喜戴棉制风帽，又叫“将军盔”；富人戴皮帽，讲究的戴水獭帽，最奢侈的是银针海龙帽。

康熙、雍正时期，汉人妇女的着装还保留着明代款式，时兴小袖衣和长裙。乾隆以后，衣服渐肥渐短，袖口日宽，再加云肩，花样翻新。到晚清时，都市妇女已去裙着裤，衣上镶花边、绲牙子。嘉庆、道光年间，女子多着低领蓝衣紫裙，披云肩，垂流苏。同治年间，流行蓝缎地镶阔边的绸裤带，带宽一丈或数丈，带端有绣纹。无论着裙着裤，均有系带的习俗，从腰带系后垂至膝下为尚。光绪中期，妇女衣裙渐短，袖子渐宽，带长过膝露出约一尺有余，走动时随风飘动，服色以湖蓝、桃红为多，也有宝石蓝和大红等色。

社会地位较低的奴仆、优伶、皂隶的装束受到限制，不得使用丝、绢、纱、绫、缎、绸和罗等档次较高的原料制衣，也不得使用细皮、细毛和石青色原料制衣，更不得随便使用珠、翠、金、银、宝石等贵重的装饰品，只能使用葛布、梭布、毛褐、茧绸、貉皮和羊皮等质地较粗糙的低级原料。上衣一般是偏开襟褂子，下身是挽裆裤。这种裤有不分前后的大裤腰，直腿，男女式样相同，女裤颜色鲜艳些或用花布。

女子的丧服也属礼服，分两类：一类是为死者制的寿衣；一类是参加丧礼者的着装。命妇穿的寿衣须按品级穿戴，平民妇女则着元青或蓝色大褂。出席葬礼者要按季节不同穿生麻布、熟麻布、粗白布、细白布、麻冠、麻履、草履、素履等丧服。在着丧服期间,女人着装只准采用白、灰、黑、蓝几色,将白布扭结包在头上,在不缀边线的粗衣下面用白布包鞋,留有鞋跟,子辈留黑跟,孙辈留红跟。这些是丧礼的一般规定,地区不同,习俗略有差异。

到了清末,城里的商人、文人外出都是身着长袍马褂,头戴便帽。便帽在明清时期很流行,是用六块上尖下宽的布料缝制成半圆形的小帽,又叫"六块玉",因形如西瓜,故俗称瓜皮帽。又因惯在帽顶缝上一个黑色或红色的布疙瘩,天津人又称其为疙瘩帽衬儿,管这个布疙瘩叫算盘结。瓜皮帽又分软胎、硬胎两种,硬胎的厚而挺括,软胎的柔软,可折叠成六分之一大小,便于收纳。帽子上还要缀上一块帽正,帽正也叫帽准,多用玉石、翡翠等,便宜的则用料器(人造玉石)。戴时,帽正需正中对准鼻尖,如果不戴正了会显得不端庄。"歪戴帽斜瞪眼"显得流里流气,如再加上"花鞋大辫",则是锅伙混混的形象了。

光绪年间,妇女的便服身长过膝,多采用大镶滚装饰。宣统年间,妇女的衫裤比光绪年间窄小,衣领却增高,甚至可以掩住面颊,如同马鞍形状。年轻女子穿的旗袍本是旗人服装,初时是直筒式,到清末改成按体型裁剪,渐能体现出女子的曲线美。

清末的中国遭到帝国主义列强侵略,服饰形成京派和海派两大流派。京派指以北京为中心的传统服装,海派则指以上海为中心的新式服装。天津则两派兼有:老城一带以京派传统服装为主,较为保守,而各国租界一带则以海派新式服装为主,追求新潮。但老城里也在潜移默化地改变着,先是有了几处教堂,后来陆续有一些居民开始信仰宗教,还有人当上了洋人的买办,这些人的服装都在逐渐西化。再后来,从李鸿章到袁世凯不断在天津办洋务,推行新政,老城里也设立了警察署、邮政局。自此,从业者们穿着新式的警服、制服穿行在大街小巷，并随四季变换。1902年以后，“废庙兴学”，老城里有了许多新式小学，学生们也都穿起了新式制服。

近代服装引时尚

1912年，服装又迎来一次变革。先从政府开始，各级政府的官员都穿起了制服；还有军队，由于军阀混战，天津这一时期出现了许多军衣庄，这些军衣庄分别给北洋军阀各派系供应军装，包括军帽、军鞋以及被褥、雨衣、行军床、帐篷等各种军需品。

过去中式长袍没有衣袋，随身携带少量钱财需装在荷包内，再放到靴筒内，叫“靴掖子”；钱多就放入一种搭在肩上的钱袋，叫“钱褡裢”。到了民国时期，各种军服、警服、制服的上衣都有了衣袋，中式的马褂、短褂也都有了衣袋，而在上衣胸前口袋内放怀表或插钢笔也成为一种时尚。

·民国初年天津普通三口之家的服饰（图片提供：戴晓泉）

自清代始，天津不分男女，都有扎腿带子的习俗。那时天津多为土路，扎腿带子可以防止走路时从裤腿处进尘土，冬天还可以防止往裤腿里灌冷风，起保暖作用。李鸿章带来的淮军不扎腿带子，天津人叫他们“大裤脚子”。腿带子是一种编织的布带，宽六七厘米，长约七十厘米，多为黑色。姑娘出嫁必须用红色腿带子，男女双方女眷也都用红腿带子。办白事则要扎白腿带子，有的就扎个白布条。后来流行的制服、西裤不再扎腿带子，针织棉毛裤子的裤口做成松紧口，用不着再扎腿带子了，可是有些老年人养成了扎腿带子的习惯，直到20世纪50年代才基本绝迹。

·民国初年警察与灾民的服饰

兜肚从前是贴身穿的，由一块布剪成五角形，上面两角用兜肚链挂在颈部，中部两角用布条扎于腰部，下边一角垂于腹下。戴兜肚可以保护腹部不受寒，男女老幼均戴，后来被背心取代。

·民国时期儿童穿戴的兜肚（王斌本收藏）

关于儿童服饰，传统是男孩戴老虎帽，穿各种动物造型的鞋子，如老虎鞋、猪鞋、兔鞋等。还有一种童装，是从街坊邻居各家收集各色碎布拼接制成的，叫“百家衣”。它的来源是一种民俗讲究，就是父母期望孩子健康成长，需要托大家的福，要

·民国时期的儿童虎头手套（图片提供：王斌本）

·民国时期的童子军帽（王斌本收藏）

吃“百家饭”，穿“百家衣”。幼儿为了大小便方便，穿开裆裤，冬天加个棉屁股帘子防寒。民国时期，小学和初中的学生要参加“童子军”，这是当时一个国际性的儿童组织，有统一的服装，类似军装。

过去冬天有卖草鞋的，大人的、小孩的都有，是用蒲草编的，厚厚的形如小篓，买回来自己缝个布面就更美观耐用了。冬季还有一种棉袄罩，是套在棉袄外的外套，因为棉衣脏了拆洗太麻烦，棉袄罩是单的，容易洗。而“衬领”是装饰用的，穿西服里面要有衬衣，衬衣需要常换洗，过去普通人家家境差买不起衬衣，就穿只有领子和前胸的“衬领”，冒充衬衣。

清末民初，成年女子喜将头发在脑后盘成发髻，用专用的丝网罩上，梳头时用黏刨花的汁抹在头上，类似于现在的发胶。从前城里常有小贩走街串巷吆喝：“梳头油黏刨花。”中华人民共和国成立前，租界地女子烫发很普遍，老城

·衬领

·民国时期年轻女子和儿童的服饰（图片提供：戴晓泉）

里的中老年妇女还是盘头的多，一些年轻人追求时尚，女学生剪短发或留辫子，职业女子烫发的也很多。着装方面，最流行的是牛仔裤和皮猴，这些服装男女都能穿，而化纤类、塑料类产品也受到年轻时髦女子的青睐，如“玻璃丝袜子”“玻璃皮带”“玻璃皮包”等。这些在当时属于奢侈品，穷人买不起。但是穷人有穷人的过法，衣服破了打补丁，劳动人民上衣的肩部、肘部，裤子的臀部、膝部都常见缝着针脚很密的补丁，鞋、袜穿破了也打补丁。孩子们的衣服经常是哥哥穿小了弟弟穿，姐姐穿小了妹妹穿，过年买不起新衣服，到颜料庄买一袋颜料，用大盆煮半盆沸水放入“袋色”，把旧衣服放进去煮上一会儿，翻腾几遍，使之着色均匀，再用清水洗去浮色，晾干熨平整，就相当于新衣服了。

中华人民共和国成立后，男子都穿制服或中山服，而西服、长袍日渐被淘汰。西服有时也会被当做结婚的礼服，而长袍则成为相声、评书演员的演出服。女干部都穿列宁服，旗袍、花衣、花裙也被淘汰了，服装颜色不过黑、白、蓝、绿、灰几种。20 世纪 50 年代有一段时期，男子流行穿从苏联进口的小花布做的花衬衫，年轻女子流行穿连衣裙，叫布拉吉，是从俄语音译来的。20 世纪 60 年代初，流行过喇叭裤，裤口肥大，裤长及地。

“文革”时期，身穿绿军装，头戴绿军帽，胸前佩戴毛主席像章，再配个红袖章，就是最流行的装束。冬天披个绿军大衣，就很气派。而绿军帽更抢手，常有抢军帽的。但这种模仿军人的打扮是需要看家庭出身的，只有工农兵子弟才有资格穿。

·20 世纪 70 年代天津城内百姓的服饰（图片提供：郝汝明）

改革开放以后，老城里的服装式样日渐多样化，古今中外兼收并蓄。当然，中小学校往往有统一的校服，从事某些需要统一制服或工作服的行业，也会要求在特定的时间里统一着装，而在学习和工作时间以外，仍可换上自己喜爱的服饰。

20 世纪 80 年代，冬季，学生们最为流行的装束是身穿绿色军大衣，立着领子，围上长长的白围巾，有的戴着鸭舌帽，有的戴着雷锋帽。90 年代，蓝裤子、白褂子的装束是学校搞活动时学生们的标准配置，春秋季节在外面再加上件毛坎肩。90 年代后期，军大衣逐渐被各式各样的防寒服所取代，春秋季节牛仔装束和萝卜裤也曾风靡一时。这段时期，男子中重新流行穿西装打领带或是夹克服、牛

·20 世纪 90 年代中学师生的服饰（图片提供：刘京）

仔裤，也有不少人穿着中山服，尤其是机关干部和教师，冬季则穿防寒服、呢子大衣、军大衣等。女士们的服装样式日渐丰富起来，以模仿港台着装风格为时尚，穿着色彩鲜艳、搭配时髦的女郎开始走上街头，紧身裤、超短裙也不再被侧目。

到了 21 世纪，服装式样更加繁多，随处有专卖店经营来自世界各地的名牌服装鞋帽。

老城布铺鞋帽店

· 东马路同升和鞋帽店（图片提供：戴晓泉）

清代天津的大型绸布服装鞋帽商店均落户在估衣街一带，自拆除城墙有了环城有轨电车后，环城马路的商业发展逐渐繁荣。当时有几家老城区一带的店铺，经过多年经营，已是城里家喻户晓的名店。

东马路同升和鞋帽店

这是一家津门老字号，总店在估衣街，始建于 1902 年，是一家百年老店。随着业务的发展和天津商业中心的南移，1926 年在和平路开设第一分店，1930 年在滨江道光明影院旁开设第二分店，1932 年在北京王府井大街开设第三分店，1935 年在东马路临近东北角的西侧开了第四分店。这五家店全部位于京、津商业最繁华的黄金地段，各店营业额也不相上下。同升和除了这五家店外，还有制帽工厂和制鞋工厂，能生产皮帽、草帽、呢帽、毡帽、女帽、童帽、皮鞋、便鞋、童鞋等各种鞋帽，注册商标为“钟星牌”，门市各店职工加起来有一百多人，两厂一百五十多人。

同升和的发展壮大，得益于以下经营之道：

一是品种多，花样多。帽子和鞋大小号齐全，营业员业务熟练，一看顾客的头脚，就知道多大尺寸，拿过来一试正合适，顾客心里就高兴。

二是服务周到。顾客一进门就有专人招待烟茶，百问不烦，电话要货派专人给送，有特别要求的还可以定做。

三是不保守，不断研究改进创新。遇见外宾、少数民族戴着式样新颖的帽子光临，经理会亲自接待，请客人摘下帽子，店员马上拿去掸刷干净再交还顾客，第二天橱窗中就能陈列出式样相仿的帽子。

四是质量好，而且价格公平合理，顾客买回去后绝不会感觉上当挨宰。

五是售后服务好。买去的鞋帽只要不污损，包退包换。如确属工艺和质量问题，即使穿戴多日，也给予退换或修理。

归根结底这些都离不开职工整体素质高，从学徒起就养成礼貌待客、把顾客当上帝的好习惯。正是这些优良传统使同升和在激烈的商战中能稳步前进。

元隆绸布店

天津绸布业商家属东马路的元隆绸布店知名度最高。元隆绸布店老店开业于清光绪二十二年，店址最早在北门外针市街的义兴栈内，是干内局的，也就是做批发生意的。没有门脸店面，不零售，从上海进货，再批发给零售的布店，这种买卖叫“下南家”。第二年就在估衣街增设了门市部，成为总店。

清朝末年，元隆绸布店承揽了大量的军装生意，一年就赚四五万两银子。其实元隆并没有大型工厂车间，他们采用的办法叫“撒官活”，就是由裁剪师父将衣料剪好，送到老城里城厢附近的一些小成衣作坊和家庭妇女家中去缝制，再派人去验活、收活，干完活再付加工费。这样元隆绸布店既能提前领到公款买布料，又不用投资建厂房，也不用花钱买机器设备，有活就发下去，没活什么也不承担，只赚不赔。民国期间，元隆绸布店又承包了津浦、津沈两个铁路局全体员工制服的制作，获利颇丰，相继又增开了法租界支店和东马路支店。

马聚源帽店和内联升鞋店

北马路的马聚源帽店和东马路的内联升鞋店也很有名，这两家的总店都在北京。过去老北京有“头顶马聚源，脚踩内联升”的讲究。马聚源是官帽庄，内联升是官靴庄，能穿戴这两家店出品的鞋帽的大多都是高官富商。到了天津，他们把主要客户改为平民百姓，马聚源的毡帽头、内联升的便鞋都不贵，深受劳动人民喜爱。尤其是马聚源的洒鞋，更是天津练武术、练摔跤的人的首选，管这种鞋叫“踢死牛”，可想而知有多坚固。马聚源为了证明其生产的鞋里外全用的好布，柜台上放着锋利的铡刀，可以当场铡开检验。

陈林洗染店

东马路的陈林洗染店是陈靖宇和林宝昌开的高级洗染店，1933年建店，总店在滨江道，东马路上的是第二支店。当时陈林洗染店有进口的干洗机、水洗机、烫活机、脱水机等先进设备，在天津洗染业首屈一指。

· 东马路元隆绸布店（摘自《南开区 1985 年年鉴》）

其他店铺

东马路还有沙船皮鞋店、欧亚皮鞋店，北马路还有圣源绸布庄、新丰棉布庄、有根鞋店等。东马路的五和百货商场，在民国时期销售从上海定做的“五和鸭子”商标的男女背心、汗衫，也很受欢迎。

盛锡福帽厂车间位于东北角官银号菜市西三义庙街与菜市吉祥胡同交口，门店坐落于和平路渤海大楼旁。

城里的一些街巷中，还有一些为居民服务的制衣作坊，就叫成衣铺，用居民自备的衣料裁剪和缝纫服装。西门里一带有绱鞋的作坊、制帽的作坊，门前的筐里放着些鞋楦、帽楦。至于缝穷的（给穷人的破衣烂袜打补丁）和缝鞋的，都在城外。

在老城里还有一家干军衣庄发财的，就是徐鹤桥。民国初期，他开了一家振泰成军衣庄，和直系军阀李纯拉上了关系，给李纯的部队做四季的军服鞋帽，连下雨的雨衣、睡觉的被褥他全包了，一年到头忙个不停。转年，李纯招兵买马部队扩编，兵多了，徐鹤桥赚的也更多了，发了财就在仓廒街盖了一所挺气派的宅子。过去到了夏天，大户人家要请棚铺在院中搭个席棚遮阴，秋天再拆去，只有徐家大院在一道院中安装了新型的铁罩棚，不必每年去租用席棚了。中华人民共和国成立后，这里成为服装公司的技校，也使这里与服装行业始终有着不解之缘。

· 仓廒街徐鹤桥故居（摄影：戴晓泉）

西马路上棉布行

·20 世纪 90 年代的西马路基本保持着民国时期的样子（摄影:戴晓泉）

西马路的棉布市场形成于民国初期,在 20 世纪 30 年代还不太兴旺,主要在西北角到西门这一段有十几家布铺,都是一间门脸的小店铺,有协兴、福兴、永兴义、协盛永等布店。他们大都是从上海、青岛等地采购色布、花布、漂白布,以批发为主,客商大多来自河北、河南、山西,买了到农村集市上去销售。马路边还有十几家卖布头的摊贩,多是走街串巷背着包袱卖布头的小布贩子去那里趸货。这些摊贩本小利薄,一天赚的钱不过买几斤棒子面,摊主天天吃窝头,于是被人们戏称为“窝头摊”。西门南还有几家布头铺,主要经营大工厂的边角料,如印染厂的轴头布,大块的卖给成衣铺做衣料,小块的卖给鞋作坊做鞋,碎布条卖给做墩布的绑墩布,销售对象主要是天津郊县的农民。

日伪占领天津后，西马路的棉布市场反而日渐繁荣。1942 年，日本占领了英法租界，租界地的棉布批发商久孚、仁丰、永达等为了经营便利纷纷迁到西马路，于是西马路门脸房身价倍增。连废品店、刻石碑作坊、长胜涌老五金店都改行变成了布店。西北角的大陆电影院把前厅改成三间门脸房，租出去开了三家布店。后来连住家也改成布店。实在找不到门脸房了，就租旅馆经营。当时西马路的交通客栈、大通客栈、永成栈、德成店住了许多布商，这些布商就在客房中谈生意。

日本投降后，因为冀中、冀东、晋察冀以及山西、河南各解放区日益发展壮大，需要大量的棉布，于是经常派人来津采购布料。他们都住北门里和西马路一带的旅馆客栈，然后到西马路的棉布市场采购棉布。因此这里的生意更加兴旺，西马路的布店从几十家发展到三百多家。

1945 年，日本宣告投降。到 1946 年，西马路忽然变成了日本货市场。原来华北各省的日本官兵、日本侨民有几十万人，陆续集中到天津，再从塘沽新港乘轮船被遣送回日本，但每人可带行李数量有规定，多余的带不走就在天津处理。处理的东西以服装为主，全市的估衣行都投入了收购工作，收购价压得很低。这些“战利品”被源源不断地运到西马路，马路上摆出了上百家估衣摊、旧货摊，一色的全是日本货，而且价格便宜，吸引了全市人从四面八方赶着去逛西马路，比逛南市遛鸟市的人还多。妇女们特别喜欢那些色泽艳丽的日本和服，可以改成旗袍、花裙子，男人则爱看日本浮世绘、精美的瓷器和其他一些小摆设。这个市场兴旺了不到一年，随着遣返结束没了货源，市场自动结束。

1947 年以后，由于法币贬值，物价飞涨，大家忙着买东西，天津的“大五福”白布成为堪比金银的保值商品，整匹的“大五福”成了西马路棉布市场的抢手货，有富余钱的都会买些存着，各样人等都涌向西马路，有穿长袍马褂的，有西服革履的，有头上扎白毛巾腰插大烟袋的，有披着皮猴叼着烟斗的……西马路成了闹市、黑市，交通常阻塞。当时人称西马路有"三乱"：人员杂乱、交易紊乱、秩序混乱。1949 年 4 月，市工商部门对"三乱"逐步进行了治理——

第一步，把西马路的占路布摊取缔，改为城隍庙街棉布市场，并作出规定：

一是所有布摊都要填写申请书，领取营业执照，不准无照经营。

二是将西马路的占路摊贩全部迁入城隍庙大街。

三是指定摊位编号，每摊占地两米长，不准私自扩充和迁移。

这样从西门里的城隍庙大街南口到城隍庙山门，共安置了一百五十多个摊位，其中一百户卖整布，四十户卖布头，还有十几户将整匹布剪成被面、被里、衣料等零售，叫零尺摊。同时成立了城隍庙街棉布市场摊贩管理委员会，由工商八分局派出干部到管委会办公。

·西门里利用德华当改设的德华棉布市场旧址（摄影：戴晓泉）

第二步，成立德华棉布市场。1949 年 5 月，将西门里大街已停业的德华当铺开辟为德华棉布市场，楼下为摊贩，大厅及后院共设摊四十多户，这里比城隍庙的露天市场条件要好些，二楼为坐商十户，也组成德华棉布市场管理委员会。

第三步，两个市场内凡是卖整布的摊贩一律起字号，按坐商管理，摊位的墙上要挂字号牌，是摊贩式坐商。

第四步，理顺进货渠道。西马路布店组成第三联合采购社，城隍庙和德华两处组成第四联合采购社。各布店、布摊将要购买的品种、数量、货款交联合采购社，采购社统一进货，保证不进伪劣产品。这也为以后的棉布统购统销打下了基础。

1952 年，部分布商转移到南市群众商场租赁柜台继续经营，多数人员归口纺织品商业部门安置工作。到 1952 年底，城隍庙、德华两个棉布市场撤销，德华改为银行办事处，喧嚣一时的城隍庙大街也冷清下来。

津味美食

天津地处九河下梢，得漕运和渔盐之利，城市日渐繁荣。清代出现了一些盐商富豪，他们大多生活奢华，讲究吃穿，人称“吃尽穿绝天津卫”。这种风气也影响到普通市民的生活，民间流传着“当当吃海货，不算不会过”的民谚。天津人这种海纳百川的性格，形成了天津独特的饮食文化，饭馆、小吃街遍布津城内外，并因此留下了不少与饮食相关的胡同名称。天津的文人墨客，更是留下了很多与饮食相关的风趣幽默的佳作。

色香味俱佳

一日三餐富特色

每户人家要过日子，每天离不开柴米油盐酱醋茶。

天津习惯于一日三餐，早餐叫早点，多数家庭选择到外边买，各居民区都有卖早点的，午餐叫晌午饭，晚餐叫晚饭。有的人深夜还吃夜宵，但并不普遍。

天津人的饮食习惯和河北省、山东省很接近，以面食为主。家庭条件好的多吃细粮，偶尔吃米饭也得吃天津产的小站稻。家庭条件差点的多吃粗粮，就是棒子面、高粱面，偶尔吃白面也是“一箩到底”的次面，吃米也是糙米。

家庭烹饪方法很多，常用在主食加工方面的有——

烙　将生的面食用炽炉、铁铛、平底锅等在火上加热至熟。烙饼有许多种，分家常饼、发面饼、葱油饼、脂油饼、烙馅子、“金裹银”、春饼等。葱油饼由面剂擀成面片撒上葱花抹油烙成；脂油饼是在擀好的面饼上抹上炼好的猪荤油烙成的；烙馅子外形似饼，里面有菜馅；“金裹银”是白面做皮，里面包着黄棒子面；春饼是很薄的单层小饼，吃烤鸭时用来裹着鸭肉食用。烧饼也是烙的，分许多品种，但一般家庭都不自己烙烧饼。在大锅里贴棒子面饽饽也属于烙，熟后一面焦黄香脆，一面软嫩可口。

蒸　锅中加水，将面制品放在屉上，加热使之蒸熟。蒸食品种很多，如蒸馒头有戗面的和发面的；蒸卷子有发面的、死面的之分；馅料有白糖、豆馅、红果等；形状有圆形的蒸饼，也有做成三角形的面粽；包子有肉包、素包之分；粗粮蒸食有蒸窝头、蒸菜团子、蒸丝糕等。除此之外，米饭也是蒸的，端午节自家包粽子也得蒸，过年还要蒸年糕。

煮 锅中加水加热煮沸，将食物煮熟，如面条、饺子等。面条也分多种，有手擀面、鲜切面、干切面、挂面、杂面等，吃法有捞面、烩面、焖面、炒面、面汤等。在这里专说煮着吃的捞面。天津逢喜事、寿事都吃捞面，叫“喜面”“寿面”。吃捞面必须加卤，卤也分几种，但喜事、寿事不能用炸酱卤、麻酱卤，必须吃打卤面，还要配上多种菜码，有黄瓜丝、胡萝卜丝、豆角丝、红粉皮、煮黄豆、炒鸡蛋、炒面筋等。

· 天津人婚礼当天男女主家都要准备的喜面（摄影：戴晓泉）

饺子也是天津人钟爱的食品。用一张面皮包的叫饺子，用两张面皮夹上馅捏成圆形叫饸子。天津风俗是在除夕夜吃素饺子，还有“初一饺子初二面，初三饸子往家转”的说法。初五剁饺子馅寓意“剁小人”，包饺子寓意“捏小人嘴”。到了初八、初九吃饸子，寓意“饸子加八越吃越发”“饸子加九越吃越有”。正月十一再吃饸子叫“饸子拐弯”。

还有个风俗，亲友去外地，送行时也吃饺子，而从外地来津则吃捞面。因为面条长饺子短，这叫“长接短送”。

蒸、煮、烙是最常见的烹饪方式。凡是有馅的面食，如包子、饺子、锅贴等，都可以当主食，而且不论荤素馅都代替了菜肴，不用再做菜佐餐了。

烤 用烤箱、缸炉完成，如烤面包、烤馒头片、烤吊炉烧饼、烤山芋等。

煎 在平底铁铛中加少量油将食物煎熟，如煎饼、水煎饺、锅贴、馅饼等。

炸 用热油将食品炸熟，如炸果子、炸麻花、炸元宵、炸荷包蛋、炸虾米、炸鱼、炸蚂蚱等。

熬 即在面类中加较多的水，文火煮沸使之变稠，如熬棒子面粥、熬小米粥、熬腊八粥、熬稀饭等。

天津百姓在副食菜品的烹饪方法上也独具特色。

天津人喜欢吃水产品，尤其是海鲜，而且讲究应时到节。天津人有句口头禅“当当吃海货，不算不会过”，是有道理的。因为海中的鱼虾有汛期，在汛期能大量捕捞，既鲜美又便宜，汛期一过则又少又贵。所以如果赶上汛期恰逢手里没钱，在老天津人认为把衣服送当铺去换钱也得吃。因为在当时，如果错过汛期就要等转年再吃了。

过去老天津人吃鱼讲究吃有鳞鱼，而带鱼、鲇鱼、泥鳅都是无鳞鱼，上不了宴席，皮皮虾也摆不到桌上，这些东西是穷人吃的。

天津人吃菜偏好口味重、香味浓的，不喜欢太甜、太淡的。天津人炒菜喜欢先用葱花炝锅，汤汁多时要收汁或拢芡，不喜欢稀汤寡水，菜炒好后淋适量明油。

吃食店铺遍城厢

天津地处九河下梢，东临渤海湾，盛产河海两鲜。1898 年石印出版的《津门纪略》卷十一“食品门”中记载，当年天津城里的饭馆有东门内的德庆园，鼓楼东的聚兴园、藏素园（素菜），鼓楼北的同兴园、真素馆（素菜）。著名吃食店铺与特色小吃有户部街祥德斋点心铺的元宵、西门里牌楼内复有顺的酱肉、鼓楼附近张二的咸花生、鼓楼东小车包子的小包子（狗不理是大包子）、鼓楼北于十的炸蚂蚱、西门里鸭子王胡同的卤煮野鸭、鼓楼北金声茶园糖摊的大糖等。

·1898年石印出版的《津门纪略》书影

随着城墙被入侵的八国联军拆除以及辛亥革命的胜利，天津老城的地理环境与政治环境都发生了剧变，老城里与城外的联系更加紧密，整个城厢逐渐形成了集生产、经营、生活、消费为一身的综合性城区，各种饭馆、摊点也如雨后春笋般增加了很多。

东门一带

东门脸南面第一家是中立园饭馆，开在进东门的南面第一家，拆了城墙后建成东马路，门脸也改到了东马路上，又成了东门脸的路南第一家。这家饭馆店面虽然不大，但一到饭口就坐满了食客，附近几所学校的老师、国民戏院的演员都是这里的

·民国时期东门里的中立园饭馆

常客，坛子肉、捞面做得都挺好，知名度最高的是锅贴，经营者将这一普通的食品做到了极致——锅贴的馅不固定，可按顾客的要求定制。店里准备了许多原材料：虾仁、鸡蛋末、肉馅、海参、虾子、蟹黄等，由顾客自主决定配比。比如想吃三鲜的，除虾仁、鸡蛋外还想要加上海参，店家就按顾客的需要单独配制。饭庄能实现个性化锅贴的定制，完全倚赖于其拥有多位技艺精湛、娴熟的师傅。在中立园的后厨中有一位生于清光绪十二年的面案师傅胡景森，他技艺精湛，于 1916 年进入中立园，一直干到 1956 年公私合营。除了胡师傅，还有一些面案与灶上师傅以及几位工作几十年的堆工、勤杂工，众人的合作使得中立园饭馆的单勾卤面、锅贴、家常饼、炒菜都独具特色，口碑经久不衰。如今，中立园饭馆的字号被保留了下来，地点则搬到了南开区的红旗南路。

·民国时期中立园饭馆的图章（戴晓泉收藏）

东门脸北面第一家是银行储蓄所。第二家是清真小饭馆，叫恩发德，是时文德于 1921 年创办的。当年他先是推小车在东门里卖，后来生意日渐红火，遂在东门脸开了店。因为饭馆所在的楼很小，人们称之为“半间楼”，专卖羊肉包子，楼下是餐厅，后面是厨房，中间有木楼梯，楼上也卖座，楼上有个垂直通道通到楼下，把包子放在提盒里，一拉绳，提盒顺着通道就到了楼上，像个小电梯，挺便捷。恩发德的羊肉包子是发面的，薄皮大馅，选用精良羊肉做馅，调以上好酱油和葱末、五香料等，加入鲜嫩的西葫擦成的丝，荤素搭配，味道鲜美无比，而且绝无羊肉的腥膻之气。由于这里的包子非常好吃，价钱又不贵，许多人慕名而来。这里整天顾客盈门，生意非常红火，一直经营到 20 世纪 90 年代中期。如今，那里是天津文庙东侧的小花园。

东门里路南有个小饭馆叫义盛园，这里的姜丝炒肉、排骨火烧都很好吃。

东门外还有一品香糕点店。1985年，东门脸对过又开设了华夏酒楼，以津菜、鲁菜为主，兼做港、粤、川、闽等风味佳肴。

北马路有东坊楼饭庄，后来改名红旗饭庄，是著名的津菜馆，拿手名菜有罾蹦鲤鱼、脂油饼、银鱼紫蟹等。

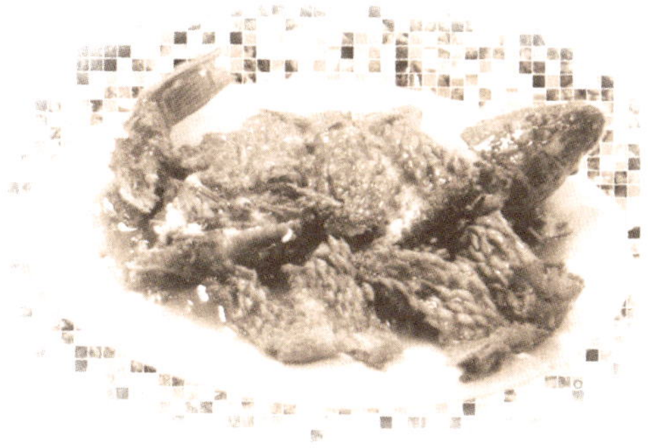

·红旗饭庄的罾蹦鲤鱼

西门一带

西门里南大水沟鸭子王胡同的卤煮野鸭远近闻名，特点是味道醇厚，采用独特配方的老汤，选取小形的“把鸭”，为了防止煮散，把鸭子用绳绑好，煮好后又香又烂，回味无穷。

西门里大栅栏的老李炸糕也有特色，和耳朵眼炸糕用料不同，是烫面的，炸好后表面较光滑，呈红棕色，薄皮大馅。

鼓楼西还有个富有斋，专卖汤圆，老板姓邹，汤圆有白色江米面的，也有紫棕色黏秫米的，口碑也不错。

西门里从前还有个“饺子范家”，后来其子范竹斋经营棉纱发了财就不做饭馆了。

南门一带

南马路与南门外大街交口路南东侧有家鸿聚成饭庄，店堂不大，一楼一底，却有几样拿手菜肴，烧三丝便是其中之一。鸿聚成的烧三丝用料讲究，海参一律选用上好刺参，自发自用，手撕雏鸡丝只用胸脯肉，玉兰片精选鲜嫩部分，不带半点儿老筋丝柳儿，刀工精细，葱姜末炝锅，以盐、糖、酒、香油找口，勾芡装盘，香味四溢，诱人食欲。烧三丝甜咸交融，海味十足，海参入口筋道，嚼之鲜美，滑而不腻，不涩，不牙碜，玉兰片甜脆爽口、鲜嫩清香，鸡丝入口即化，整道菜鲜嫩滑爽，咸甜适口，色味俱佳。

·杜称奇火烧（摄影:戴晓泉）

出南门的南关街有杜称奇火烧，这里的油酥火烧层多，每层像纸一样薄，外脆内酥，入口绵软，可与糕点店的点心媲美。其做法独特，以素油和面，用香油制酥，做剂时面和酥的配比是酥大于面。薄薄的面皮裹厚厚一层酥，故能擀得像纸一样薄而不粘连，经过先烙后烤制熟后，层层起酥。品种分为无馅的和带馅的。馅为自制，分豆沙、红果、甜咸等。馅的选料严格，红豆煮熟后还要滤去皮，澄沙后再放糖加工。

·北马路祥德斋糕点店（摄影:戴晓泉）

此外，还有螃蟹刘的螃蟹、郭家的蒸食等。

北门一带

北马路上的祥德斋糕点店是专门制作天津风味糕点的百年老店，源于天津城内朝阳观小贩陈二的元宵挑子。清咸丰年间，陈二自选江米磨面，精制三四种馅料，做成汤圆销售，销售的汤圆个大馅好，大受欢迎。天热时，陈二又改卖蒸食和馅烧饼，也很受欢迎，逐渐卖出了名。咸丰五年，陈二在城里户部街开设了祥德斋糕点铺，以制作蒸食为主，自产自销。后改自己制作馅料，自己研制糕点，原料全部选购于知名产地，精面粉、小磨香油也自行加工，用料纯正，配方独特，精工细作，出售风味宜人的系列产品。店内不仅汤圆畅销，中秋月饼、“小八件”、藤萝饼、五毒饼、蜜供等也都很走俏。民国初期，已成为津门名吃，更有民国时期天津四大书法家之一的孟广慧先生为其题写“祥德斋”店名匾额。店铺后由陈二之子陈子箴继承，先后在北门增设支店祥德亨和祥德斋利记，在大胡同、法租界增设第二店、第三店、第四店，均以祥德斋为名。1938 年，天津国货售品所因受日本浪人及便衣队的滋扰与迫害，被迫由北马路迁至法租界。同年，祥德斋糕点店迁入北马路原址，经营至 2003 年。迁到北马路后，成为天津首家前店后厂、产销一体的专营店铺，以制售天津风味“京八件”、蛋糕为主，并注有“明灯全球”牌商标，用精致木盒、蜡纸包装，以免费赠送小茶食的销售方式深得顾客青睐。中华人民共和国成立后，几经变迁，直到 1981 年又恢复前店后厂的传统产销模式。产品保持传统风味特色，1994 年北马路拆迁后，剩余建筑仍作为店铺经营，而糕点厂则迁往他处，总店的业务转往东南角等分点。随着 2003 年老城的整体拆迁，祥德斋各店铺全部迁出老城，如今在天津仍有多店铺经营。

· 孟广慧书写的“祥德斋”匾额（摘自《孟广慧书法遗作集》）

· 祥德斋点心签（戴晓泉收藏）

北门外的耳朵眼炸糕是天津著名小吃。清光绪年间，创始人“炸糕刘”刘万春以卖炸糕为生，初时推着独轮车在鼓楼、北大关一带走街串巷流动售卖，后改为在估衣街西口的北门外大街上摆摊设点现做现卖，再后来在北门外大街租下一间八尺见方的门脸，挂起“刘记炸糕”的招牌，办起了炸糕店，起名“增盛成炸糕店”。该店铺因坐落在窄小的耳朵眼胡同口处，被食客戏称为“耳朵眼炸糕”。耳朵眼炸糕有“黄、软、筋、香”四大特点，1997 年 12 月被中国烹饪协会认定为中华名小吃。天津的耳朵眼炸糕与狗不理包子、十八街麻花并称为“天津三绝食品”。

北门外的紫阳观则卖风鸡、板鸭、火腿、腊肉等南味食品，在 20 世纪八九十年代，已改为副食店的泉祥鸿老店址，曾一度更名为“紫阳观稻香村”，那时店内就出售金华火腿、腊肉等南方食品，这些在其他商铺极少见到。

北大关的隆昌海货店是天津最大的海货店，专卖燕窝、鱼翅、熊掌、鹿唇等山珍海味。北门一带还有天一坊饭庄，后来改名中和楼，又改为红桥饭店。北马路与北大关交口处曾有满园春糕点食品店。在北马路还有个小门脸，店主是山东人，专卖大锅饼，一个锅饼有两寸多厚，直径两尺多，是硬面的，切着卖，买一斤才切一小角，有纯白面的和带枣的两种，这种锅饼又干又硬，水分极少，咬一小块在嘴里会吸收唾液膨胀起来，所以吃时需有汤水就着，否则口干难以下咽，重体力劳动者爱吃，吃了能搪时候，不会干半截活就腿发软。

·北门外满园春（摄影：戴晓泉）

除了饭馆、食品店，市民生活中还有重要的

一项就是喝茶。天津最有名的茶叶店就是正兴德茶庄，是号称“天津八大家”之一穆家的买卖，总店设在北门外竹竿巷。东北角有一家，是其第二分店，开创于 1934 年，大楼高四层，上面有钟塔，成为当年东北角的标志性建筑。正兴德的茶叶是绿竹商标，其茉莉花茶畅销津门。因为是清真茶庄，深受回民欢迎。1994 年，因北马路修建内环线，需拓宽马路，故将正兴德茶庄大楼拆除。

·1934 年，正兴德第二支店在东北角开业时出售的茶叶盒（魏金城收藏）

天津市正興德茶莊

迁址启事

因修建内环线，天津市正兴德茶庄（东北角）将于九四年二月迁址到东马路 82号市少年宫旁

欢迎您到新址光顾！

新址电话：2352888　邮编：300090

·1994 年，东北角正兴德茶庄（正兴德第二支店）拆迁前发放的迁址启事（戴晓泉收藏）

泉祥鸿记茶庄采用较保守的经营方式，从来不做广告宣传，只凭优良的服务、地道的质量和可靠的信誉，在激烈的商战中始终牢牢地占有一定的市场份额，到全市茶叶全行业公私合营作评估时，泉祥鸿记茶庄的资产是最雄厚的，名列全行业之首，正

·民国时期，泉祥鸿记茶庄北马路一侧还是一面后山墙，没有开门脸（摘自《天津老照片》）

兴德居第二。

泉祥鸿记茶庄的老店铺坐落在现红桥区锅店街上，正门开在锅店街，后房山临着北马路，它是济南西关估衣市街的泉祥茶庄在天津的分店。泉祥茶庄是一家历史悠久、资金雄厚、分店众多的大商号，由山东章丘孟家创办于光绪二十二年。泉祥初创时，主要经营杂货，兼做茶叶生意。由于经营杂货业的店铺数量多，利润薄，而恰逢茶叶市场逐渐发展且利润较大，泉祥遂逐渐减少杂货，扩大茶叶经营，后转为专营茶叶。

·2006 年原泉祥鸿记茶庄北马路一侧的门（摄影：戴晓泉）

在锅店街上的正门两侧，有砖雕大字招牌——山东泉祥鸿记茶庄自置各省名茶照行发兑。天津的泉祥鸿记茶庄在 1906 年以前便已经开张营业。中华人民共和国成立后实行了公私合营。改革开放后曾更名紫阳观稻香村，为食品综合商店，也有专门柜台经营茶叶，正门开在了北马路。20 世纪 90 年代起，又先后更名为泉祥百货

·左图为泉祥鸿记茶庄估衣街门梁一侧的大字砖雕招牌（摄影：戴晓泉）

·右图为泉祥鸿记茶庄估衣街正门的铁艺窗棂（摄影：戴晓泉）

商场、虹桥商场等。泉祥在北马路开门后，成为人们穿行估衣街与北马路的重要通道。这座二层楼的砖木老房子一直保存到2009年，此后一场大火将其付之一炬，2010年时在原地点仿照原样重建了框架结构的二层楼。

此外，东北角还有四远香糕点店，西南角有德利香糕点店。当然不止这些，环城四条马路十里长街上还有许多食品店、鲜货铺子和早点铺等。

清朝时，商业中心在北门外的估衣街侯家后一带，城里的饭馆多为中低档饭馆，城里官府衙门要接待高级官员、国际友人，富商大户举办宴会，都是到侯家后去办。侯家后有八家高级饭店，合称“八大成”，分别是聚庆成、聚和成、聚乐成、义和成、义升成、福聚成、聚升成和聚源成。“八大成”都拥有中式庭院，外边能停车、轿，内有花园、客厅，有举办堂会的戏台，有华丽的雅间，可供应上等宴席。

·民国时期的西南角德利香糕点店（摘自《天津老照片》）

“八大成”中的聚庆成开业最早，是康熙元年为庆贺康熙登基创办的，这个饭庄有大型烤炉。旧时，按天津民俗，女儿出嫁后如果怀孕了，娘家要送给婆家一桌酒席，以示庆贺，称为“催生席”。大户人家最讲究的是送“六六席”，必须有全猪、全羊、全鹅、全鸡，都装在大抬盒里，扎上红花，前面吹鼓手奏乐，后面两人一抬，浩浩荡荡一队人马招摇过市才气派。城里的大宅门想置办这种“六六席”，一般就找聚庆成这种有大烤炉的饭庄。

· 饭馆将“六六席”送到食客家中

义和成是专办官宴的大饭庄，能置办最高级的宴席——满汉全席。按清朝科举制度，凡科考之年考中举人者，知府、知县、考官要举办盛大宴会，招待全体新举人，这个宴会叫“鹿鸣宴”，席上有六十四道菜。每次“鹿鸣宴”都由义和成包办。届时义和成门前高搭牌楼，悬灯结彩，很是热闹。

实际上，菜品最考究的是聚和成。直隶总督李鸿章在天津时，凡举行盛大宴会，招待外国贵宾吃中餐，都指定由聚和成应差。聚和成的通天鱼翅最为拿手。

侯家后不仅有“八大成”，还有清真馆的全羊席、素菜馆的全素席，都很奢侈昂贵。

当年，高官们的衙门在城里，富商们的豪宅也在城里，而举办大型宴会、吃上等宴席却要去侯家后的各大饭庄。但经过 1900 年庚子之乱和 1912 年壬子兵变后，侯家后衰落了，“八大成”纷纷倒闭，代之而起的是南市和租界的“新八大成”。

小吃早点品种丰

以前的老城居民一般不做早饭，有的是从早点铺买回来全家一起吃，有的是在早点铺吃。有些早点铺是室内的，有些是露天营业的，全都备有桌凳。

天津早点品种丰富，这里介绍几种较有特色的。

煎饼果子

天津著名的早点品种之一。从前卖煎饼果子的大多挑着担子，担子一头是炉子和铁铛，一头是各种材料。现在普遍用小车，上面加大玻璃罩子，显得干净卫生。也有少数的有门脸或售货亭，以前大多早点时段出售，如今有的全天营业，还有的夜间营业，可以当夜宵。煎饼果子的做法是以绿豆粉为主料，加水调成糊状，在热铁铛上摊成圆饼，薄如纸，上面再摊一层鸡蛋，摊好后翻个儿，抹上面酱、腐乳，撒上葱花，喜欢吃辣的再抹些辣酱，卷上果子或果篦儿，从中间折叠或切开即得。

· 煎饼果子摊

锅巴菜

· 锅巴菜（摄影：戴晓泉）

俗称嘎巴菜，是天津独有的地方风味早点。做法是把绿豆煎饼切成柳叶条状晾干，先在碗里放上锅巴，再盛上卤汁，配以小料出售。好的锅巴菜要有好锅巴配以好卤。卤汁的制法很有讲究，都是素卤。城里有不少早点铺卖锅巴菜，但最有名的是西北角大福来。北门西还有个锅巴菜铺也挺好，只有一间门脸，没有店名，紧挨着宝和轩。宝和轩是有名的书场，演出评书和曲艺，知名度高，因此人们习惯说："到宝和轩吃锅巴菜去。"这家锅巴菜制作考究，卤料可口，还备有烧饼、果子，店铺虽小，但干净整洁，服务周到，顾客进门坐下后，告诉店家要吃什么，伙计用托盘送到桌上，吃完再收费，很多北城一带的居民都去吃。

炸果子

从前老城里的果子铺品种花样很多，常见的有：

· 老城胡同里的早点摊（摄影：戴晓泉）

长坯：和棒槌果子制法相似，用两条长面胚，但只捏两头，炸时将中间挑开，呈大枣核圈形状。

四个头：用四条长面胚，将下面捏在一起，上面分开成四个头。

花梨瓣：用八到十条细面胚，两头捏上，

炸时中部散开。

麻散子:用许多含糖的细面条扭在一起炸成,形似麻花,但比麻花松软。

套环:和长坯相似,但把一头从中孔穿过,如同打个结,因此比长坯短了许多。

果头:将面胚擀成椭圆形面片,中部割几道口。

糖皮儿:也叫"糖盖儿",在果头上面加一薄层含糖的面胚,再入锅炸,吃着有甜味。

鸡蛋荷包:也叫"油老虎""气鼓",是将果头的面胚不割口,整个下锅炸,内里充气鼓起来后捞出,撕开一口,打一个生鸡蛋灌入,再放入油锅炸熟。

果子饼:也叫"大果子",用很大的面胚拉成长方形,割许多长口,炸成后切开上秤称着卖,可以当主食吃。

果篦儿:将面皮拉成很薄的方形,割几个小口,炸成后口感非常酥脆。

两折:将果篦儿趁热对折成长方形。

四折:将果篦儿趁热双折成四层的小方形。

排叉:将面团压成薄片,然后在薄片上撒上面粉,用刀切成宽一寸多、长两寸多的排叉条,将两小片叠到一起,中间割口,将一头从中间套翻后油炸,入口酥脆,可放置多日。

棒槌果子:又叫油条,将两个长条面胚叠在一起,抻长,放入油锅炸制而成,从前很少,20 世纪 50 年代后别的品种减少,棒槌果子得以普及。

面茶

天津有名的早点品种之一,以稷米面(俗称"糜子面")为原料,熬成浓稠的糊状,盛在碗内,上面再淋一层麻酱汁,撒上芝麻盐,吃时咸淡适口,味道清香。有的人口味重,要吃双料的,先盛半碗面茶，撒满芝麻盐，淋上麻酱汁，然后再加入面茶，上面再撒一层芝麻盐，淋上麻酱汁，喝着味道更加浓厚。面茶的优劣一方面看糜子面熬制的火候是否恰到好处，一方面看芝麻盐的芝麻炒得好坏。自然，一碗上好的面茶，麻酱汁的麻酱也得好。过去，天津面茶做得较好的有西北角的清真面茶和河东上岗子面茶。

豆浆

天津的豆腐坊早晨都卖热豆浆，大锅豆浆滚开着冒着热气，天津人管它叫浆子。有的人喜欢在豆浆里加些嫩豆腐，叫浆子豆腐。天津人和北京人口味不同，北京人喝豆浆喜放白糖，天津人喜放食盐，豆腐坊每个桌上都放着大口瓶装的细盐。新鲜出炉的豆浆豆香浓郁，盛一碗静置一会儿，表面就能挑起一层豆皮，营养价值极高。过去饮食公司经常派人到豆腐坊抽查，带着量筒和比重计在现场测浆子的浓度，质量不达标要受到处罚。

豆腐脑和老豆腐

两者区别不大，都由嫩豆腐加卤汁制作而成。但和锅巴菜的卤汁不同，锅巴菜是素卤，豆腐脑和老豆腐是荤卤，老豆腐的豆腐略硬点，豆腐脑的豆腐则嫩滑如脑。曾风靡一时的饶阳豆腐脑是用整只鸡加肥肉块、五香料熬汤，煮至酥烂后捞出，将鸡肉撕成细丝，肥肉切成丁，卤子既有鸡汤的鲜香，又有肉的浓香，汤出锅后勾薄芡，吃时先放卤子，再放一点嫩嫩的豆腐，放入鸡丝、肥肉丁和佐料。过去东门里大费家胡同口东边的束鹿馆卖饶阳豆腐脑，相声艺人常宝堃、赵佩茹曾慕名去品尝，吃罢赞不绝口，自此扬名津城。1934 年，西关街也有家卖饶阳豆腐脑的，名“庆义成”，后改名“聚丰成”，1948 年定名“普通居”。过去西北角有家回民卖豆腐脑的，用羊肉末、口蘑作卤，风味独特，也很受欢迎。改革开放政策实行以后，有些陕西人来津卖西安豆腐脑，卤汁清淡，加咸菜末调味，虽然别有风味，但不大受欢迎，为了迎合天津人的口味，改用天津豆腐脑的卤汁，却失去了原有的特色。据《故都食物百咏》一书讲，豆腐脑如妙龄少女，老豆腐则似半老佳人，豆腐脑浇卤，老豆腐则佐酱油等素食之。天津现在市面上卖的豆腐脑和老豆腐，大多是先盛嫩豆腐再浇卤。

天津的传统早点还有许多，干的有大饼、烧饼、包子、炸糕、卷圈等，稀的有馄饨、羊汤和各种粥等。

在旧时代，穷人的早点往往很简单，一碗热浆子泡上掰碎的窝头，撒点盐面即成。因此，在天津卖早点的豆腐坊，每张桌上都会放一罐盐，供顾客随意取用。

除了传统的早点，人们还会经常买些小食品，有些小食品进不了大的食品店，大饭庄也不做，自有小商小贩经营，有的是定期到固定的地点摆个小摊，有的是走街串巷吆喝着卖。有早晨卖可以当早点的，有平时卖可以当零食的，有天黑卖可以当下酒菜的，也有深夜卖可以当夜宵的。

其他熟食类

用炉子或者锅加工制成的食品，如煮山芋、烤山芋、杏仁茶、秫米饭、煮元宵，还有诸如热包子、糖面粽、蒸饼、豆包等，也包括热乌豆、咸落花生。人们喜吃热的，走街串巷的小贩为了保温，都是挎着特制的木盆或篮子，上面有盖，内有厚厚的干净白棉布套。较特殊的是发面墩儿，这是一种发面混白糖的戗面烧饼，由于发面戗入较多的生面，把面剂稍一按，就成了又圆又厚像烧饼一样的东西，又是经混糖的烤烙食品，故谓之发面墩儿，也称糖烧饼。发面墩儿没有馅，但上面有方方的红色印记，发面墩儿虽然也属发面食品，但并不上屉蒸，而是用大平铛先烙一下，两面都略见焦黄，再放入铛下的炉膛烘烤。发面墩儿的口感很好，咬嚼时因含水量低，很有嚼头。

再有就是现场制作的，如爆米花、茶汤、油茶面、喇嘛糕、熟梨糕等，不论是推小车还是挑担子，都必须有炉子。

卤制熟食品

如肥卤鸡、卤煮野鸭、野兔肉、大雁肉、羊杂碎、牛蹄筋等。

油炸食品

如炸虾米、炸鱼、炸蚂蚱、炸果仁、炸山药片、炸山芋片、炸卷圈等。

甜食类

如切糕、江米藕、驴打滚、麻团、凉果、粽子、八宝饭等。八宝饭是把瓜条、青梅、杏脯、葡萄干、京糕等八种果脯切成丁铺在白碗里，把江米用开水捞过，铺在果料上，然后放豆沙馅，再铺一层江米与碗口持平，最后把碗入屉，蒸熟。熟后，稍凉即扣在碟子或小汤盘内，上面也可再添加白糖或其他时鲜果料。

·糖果摊（摄影:戴晓泉）

糖果类

如药糖、糖堆、大糖、细糖、沙板糖、糖瓜、梨膏糖等。糖蘸子是用冰花糖熬成白色的翻砂糖，把果料整个倒进锅内，拌匀后出锅晾凉，粘合成一大团，就叫糖蘸子。可选用的果料品种很多，如红果、海棠果、杏干儿、藕片、葡萄、京糕条等，还可加入花生仁、核桃仁等。顾客买多少，由小贩现掰现称。天津当时还有个较特别的人物，就是卖药糖的连化清。他住在西北角城隍庙附近，酷爱骑自行车，练出许多车技花样，水平不亚于杂技团的专业演员。他每天摆上药糖摊先不卖药糖，而是表演车技，引得大家围观喝彩，然后再卖药糖，许多人是专程来看他的车技绝活来的，当然看完也不会空手而归，还要买些药糖以示捧场，这也是老城里一道奇特的风景。

炒货

一般卖家有固定的摊点，边炒边卖，如糖炒栗子、五香果仁、炒大仁果、炒白瓜子、炒黑瓜子、炒转莲子、炒白果和各种崩豆等。进东门，路北有个专卖糖炒栗子的，叫老郑记糖炒栗子店，他家的栗子炒出来油光锃亮，皮和仁分开很好剥，故此远近闻名。掌柜的还别出心裁想出个销售新花样——卖剥了皮的栗子。过去谁家媳妇想吃栗子，又怕婆婆听见剥皮的响声，丈夫就专程到东门里去买老郑家的剥了皮的栗子，很受年轻"爱妻族"的欢迎。

山干货

如核桃、榛子、大枣、黑枣、酸枣、熏枣、脆枣、柿饼子、酸磨糕等。山干货里有一种"杂拌儿"，是春节期间卖的山干货混合食品，既可用来招待客人，也可全家食用，主要包括瓜子、花生、核桃、榛子等。瓜子分黑瓜子、白瓜子、葵花子。花生分甜、咸及挂糊的，又分琥珀果仁、糖蘸子果仁、大花生等。此外还有柿饼子、红果以及各种糖果。现在的"杂拌儿"就更丰富了，又加入了各种名贵的坚果。

酱菜类

指臭豆腐、辣豆腐、酱豆腐以及各种酱小菜、春不老、萝卜干、咸菜等。值得一提的还有走街串巷专门吆喝着卖的韭菜花麻豆腐。所谓麻豆腐，是用绿豆磨制的腐乳状食品，比豆腐脑颗粒粗，比豆腐软。韭菜花是韭菜在夏秋抽花茎时，顶端集生的小白花。这种花用盐腌制后，可入麻豆腐加香油拌而食之，麻豆腐喜油，韭菜花有挥发性香气，可以冲淡麻豆腐的生豆气味，二者相得益彰。韭菜花和麻豆腐本是两种不同商品(韭菜花由酱园售卖,麻豆腐是粉坊产品),但因常被人搭配在一起食用,就成了小商贩出售商品里的热销货。麻豆腐还可以加青豆菜炒而食之,但要用羊尾巴脂炒,才拿得住生豆气味,还要加入现炸的红辣椒。

时鲜类

青萝卜、紫心萝卜等各种当令时节的瓜果蔬菜。小商贩们赶早到各类批发市场上货,然后或挑担或推车走街串巷吆喝着叫卖,也有的在固定地点摆摊。时鲜里有一种植物,名叫乌菱,这是过去深受孩子们欢迎的既能吃又能玩的小食品,水生草本植物,其果壳煮熟由棕变黑,两端有弯钩壳,常被儿童当做互相咬斗的玩具,经角力后,菱角无损者为胜方,倘咬时折断,即为负方,孩子们对这个游戏乐此不疲。

儿童食品

如糖人、糖画、糖棉花等,由流动小贩出售,因为要现场制作,全带着炉子。用来吹糖人的原料是饴糖,俗称糖稀,用模具吹成中空的各种造型,如老鼠、公鸡等。糖棉花是用冰花糖加热融化并旋转缠绕制成的,膨松如棉。画糖画的大多挑着担子,担子一头是炉子,上面放着糖锅和一块平平的石板,另一头则是方木盘,方木盘中间有个转轴,上面有根带指针的木棒,木盘分成许多格,格内画着各种图案,有龙、鱼、公鸡、花篮等,还有的格内只有个圆点。

·吹糖人

顾客交了钱就可以用手转动木棍,指针指向什么格就给画个什么,如停在圆点上,就用糖给点个一角硬币大小的糖片。糖画花钱不多,娱乐性却很强。20 世纪 30 年代,大街小巷都有卖玻璃粉的,其实是一种果冻糖,因其透明如玻璃而得名,主要原料就是琼脂,又叫生洋粉,过去的海货店、大杂货店均有售,外观类似很薄的宽粉皮,脆而不坚。玻璃粉就是将琼脂加水、糖和微量食用色素熬成流质,盛入各种容器,晾凉后成胶冻,和现在的果冻糖类似。

冷食类

如冰核、刨冰、冰激凌、雪花酪、酸梅汤、冰棍、雪糕等,都是夏令食品。冰核、刨冰从前是用天然冰制作,后来为人造冰取代;雪花酪、酸梅汤则多为小贩自己加工制作;冰棍、雪糕之类有专门的制造商、批发商,小贩趸来零售。

时令食品有讲究

老城里的饮食民俗和岁时民俗紧密结合,到什么日子该吃什么,颇有讲究。

从农历正月开始,"初一饺子初二面,初三饸子往家转","转"和"赚"是同音字,寄寓着人们企盼多赚钱过上富裕生活的美好愿望。正月初五又叫"破五",家家包饺子,剁馅剁得菜板山响,叫"剁小人"。包饺子时,还要特别用力捏紧、捏严,不能露馅,保证放在锅里煮也不能破,叫"捏小人嘴"。初八再吃饸子,叫"饸子加八越吃越发"。初九还吃饸子,叫"饸子加九越吃越有"。正月十一再吃一顿

· 过年时包饺子的场景

馅子，叫“馅子拐弯”。到了正月十五是上元节，也叫灯节，这一天晚上家家吃元宵，故此又叫元宵节。按照当地的老例儿，煮熟的元宵要先给神佛、祖先上供，然后才能大家分食。还有个旧俗，是在正月十四这天，家家用面捏成各种小动物，有小老鼠、小刺猬等，头上用小豆粒做眼睛，身上再驮个面制小元宝，将这些小动物入屉蒸熟，正月十五早晨将它们头朝外放在门两旁、窗台等处，到下午改成头朝里，寓意把财宝驮回家了。到了立春那天，则要将各色蔬菜、肉类切成条装盘，再烙薄薄的春饼卷着吃，也可以用面皮卷上各种馅制成春卷，用油炸着吃。立春还有个旧俗，家家都买紫心萝卜生吃，叫“咬春”。

二月初二叫“龙抬头”，家家户户吃煎焖子。将焖子切成薄片在平底饼上煎至两面微黄，再将麻酱用盐水、蒜泥调稀，将煎好的焖子蘸麻酱汁吃。

·五毒饼（图片提供：张显明）

五月初五为端午节，又叫端阳节，俗名五月节，习俗是吃粽子。五月节糕点店还卖“五毒饼”，是用模子制成的点心，五块一份，上面有蝎子、蜈蚣、蛇、壁虎、癞蛤蟆的图案，买来可做神佛前的供品或馈赠亲朋好友，北马路祥德斋的五毒饼最有名，是以玫瑰酱做馅。

夏天进伏后，天津的旧俗有“头伏饺子二伏面，三伏烙饼炒鸡蛋”的说法。立秋那天的习俗是吃瓜，西瓜、香瓜都可以，叫“咬秋”。还有个习俗叫“贴秋膘”，立秋日要吃些肉类菜肴，如炖肉、扒肘子、红烧肉等。过去，人们还习惯于在入伏日称体重，到立秋日再称体重，对比一下体重是否减轻。有的人因伏天天气炎热时食欲不佳而消瘦，叫“苦夏”，立秋时就“贴秋膘”补回来。

八月十五中秋节吃月饼，吃河螃蟹，天津有句俗话是：“八月团脐，九月尖。”

九月九重阳节，老人们要到玉皇阁去登高，这一天要吃糕干，东北城角毛贾伙巷胜兰斋的糕干最好。文人雅士则在这一天赏菊，饮菊花酒。

十二月也叫腊月，十二月初八叫腊八，这天家家要喝腊八粥。腊八粥用多种米、豆等文火熬成，浓稠而味甜，富贵人家和一些寺观要提前熬制许多，腊八早晨用来施舍，就是结个善缘，所以舍粥时口呼：“缘了，缘了。”腊月二十三灶王爷上天，这天要买糖瓜给灶王上供，同时供上一碗清水、一碟草料。等到天黑，女人不参加，由男主人跪拜灶王，再将灶王纸像揭下，用糖瓜蘸清水抹在灶王嘴上，口中念叨“到了天上好话多说，不好的话不要说”，然后把灶王像焚烧，连给灶王骑的马准备的草料也烧掉，清水泼掉。至此祭灶完成，糖瓜则全家分享。这也是一种旧俗,叫“男不拜月女不祭灶”。从十二月二十五到除夕,家家户户都忙着采办年货,准备食物,有民谚为证:“二十五磨豆腐,二十六炖大肉,二十七宰公鸡,二十八白面发。”到了除夕,全家大团圆,一起吃丰盛的年饭。饭后,全家会搞些娱乐活动,一直到凌晨不睡觉,叫“守岁”。子夜零时,全家再吃上一顿素馅饺子,寓意新的一年素素净净、顺顺当当。

以上是一年中与饮食相关的各种节日、节气的旧习俗。

还有些习俗也与饮食相关,如女人怀孕后不能吃驴肉、狗肉、兔肉、葡萄、螃蟹,这又是为什么呢?理由听起来很可笑:不吃驴肉、狗肉是因为驴和狗的脾气不好,怕将来生的孩子有驴脾气、狗脾气,又拧又犟不听话;不吃兔肉是因为兔子是三瓣嘴,吃了兔子肉,生的孩子嘴唇会有豁口,形如兔唇,非常难看;不吃葡萄是因为吃了葡萄会结葡萄胎;至于不许吃螃蟹,是因为螃蟹横着爬,吃了螃蟹后分娩时横行倒养不能顺产。在旧时代,许多人对这些没有科学依据的说法竟信以为真。

还有一些饮食禁忌,如两人分别时吃饭不要丸子汤,因为丸子象征“滚蛋”;送别时吃饺子,接风时吃捞面,叫“长接短送”,寓意分开是短暂的,而相聚是长久的。

在比较讲究的大家族里,吃饭时也有许多规矩,如吃饭时不能吧唧嘴,喝汤时不能出声,不许用筷子敲碗碟,不许把筷子立着插在米饭上,吃饭不准掉饭粒,夹菜不能夹远处别人面前的菜,吃饭时少说话(食不言,寝不语)等,这些都是饭桌上的文明礼仪。

不过也有例外,城里有几处理教公所,加入公所的人叫“在理”,他们不吸烟,不饮酒,无不良嗜好,每年只有几次节日聚餐。他们的聚餐不讲文明礼让,有个说法叫“脸皮薄吃不着,脸皮厚吃个够”,每端上一盘菜,就被大家一抢而光,毫不谦让,但也不因争吃而发生争执,显得气氛既热烈又欢快。

地名之中藏美食

明代天津城里居民不多，自清雍正九年升天津州为天津府后，居民日渐增多，形成许多胡同，胡同的命名有些就取自与居民生活相关的店铺，如油铺、水铺、果子铺，有的干脆直接用经营者的名字、绰号命名，如鸭子王、李麸房，让人一看胡同名就知道进去能买到什么。

·天津城中部分带吃食地名示意图（制图：戴晓泉）

①官银号菜市场；②老油铺胡同；③立生油铺胡同；④老荤油铺胡同；⑤双立园胡同；⑥盐店胡同；⑦鸭子王胡同；⑧薛家胡同；⑨李麸房胡同；⑩周永顺胡同；⑪仓门口；⑫仓廒街；⑬晒米厂；⑭罗底铺胡同；⑮自来水后；⑯张家水铺胡同；⑰谢家水铺胡同；⑱冰窖胡同

官银号菜市街

位于东北城角，北起北马路，长约238米，宽约5.7米，是天津有名的三大菜市场之一，也是老城一带最大的菜市场。

自1902年建立官银号后，这里就有了经营蔬菜、水产品、肉类的摊贩，到1910年，摊贩增多形成较大的菜市，1913年定名“菜市街”，1931年后又都建成店铺，1956年五十多家店铺全部实行公私合营，1958年菜市街上搭建了罩棚，可以防风遮雨，成为半封闭式的市场，后又建成全封闭式的大型国营官银号副食综合商场。这个市场的特色是水泛技术冠绝全市。何谓水泛技术？如海参、鱼翅等许多名贵的山珍海味为了便于长期存放，需进行脱水处理，经过脱水处理的海产品无法直接烹饪，需要经专门处理使其恢复新鲜状态，这种方法即为水泛技术。天津的大饭庄、大宅门制作上等宴席，使用燕窝、鱼翅、海参、熊掌等，都要到这里来选购水泛货。有了菜市街，其周边还派生出菜市南胡同、菜市西胡同、菜市吉祥胡同等地名。

老油铺胡同

在二道街南侧，长158.25米，宽2.5米，清光绪年间因胡同内有张家油铺而得名，卖的是自制小磨香油。

·立生油铺胡同37号门牌（图片提供：王鹏）

立生油铺胡同

在西门内大街，北起西门里，南至小马路，长336米，宽2.5米，同治年间有商人徐立生在胡同里开立生油铺卖食用油，胡同因此得名。

老荤油铺胡同

在南门内大街大寺西胡同以西，南与林公馆胡同相通，长249.7米，宽3米，清光绪年间有杨姓人氏在此胡同开荤油铺。荤油分两种，一种是将猪板油切成小块，在锅中加香料，再加热溶化成油，滤出油渣，倒入小油篓或瓷罐中，放冷凝成白脂，就叫荤油，加盖封口可以长期存放；另一种是猪肠子上的油，加香料和水熬制，再将上面的油滤出放冷，这种荤油也叫“水油”“浮油”，色泽微黄，质量也差些，但价格较便宜。汉民家中炒菜、做汤一般喜放一些荤油，也可放入白面中烙脂油饼，特别香软。荤油铺也卖油渣，价格便宜，将油渣剁碎拌入菜馅中，无论包饺子、烙饸子，都可增加香味。

·老荤油铺胡同17号门牌（图片提供：王鹏）

果子铺胡同

在东门外，长54米，宽1.9米，清同治年间建房形成胡同，因胡同内有姓宋者开果子铺而得名。

双立园胡同

在东门内大街北侧仓门口东，长130.5米，宽2.2米，清康熙时期已有此胡同，因胡同口有双立园饭馆而得名。

·2003年的盐店胡同北口（摄影：戴晓泉）

盐店胡同

在西门内大街南侧，北起西门内大街，南至长生巷，长386米，宽3.2米，清道光年间有盐商李春城在此开瑞昌号盐店，故而得名。

鸭子王胡同

在西门南，大水沟街以西，长373米，宽2.7米，清咸丰年间建成。有姓王者自制卤煮野鸭在此胡同出售，其创始人名王十，枪法极好，他店里出售的鸭子全部是自己带上猎枪到津南一带打来的，因此当时天津流传着一句俏皮话“王十打野鸭——十枪九准”。由于他卤制时先放硝去腥，再投入独特的香料，鸭子出锅后香酥嫩滑，味道胜过别家，故人称“鸭子王”，远近闻名。由此，人们把他住的这条胡同称为鸭子王胡同。

·鸭子王胡同23号门牌（图片提供：王鹏）

薛家胡同

在府署街西北，长71米，宽1.5米，清道光年间有薛姓卖切糕者在此建房，因其切糕风味独特而生意兴隆，所在胡同故名薛家胡同，1987年更名为古薛胡同。

李麸房胡同

临近西南角，与西马路平行，长285米，宽3米，清末民初有李家磨房，代人磨面收加工费，同时留下麸子做饲料卖，故叫李麸房，胡同也因此得名。

·李麸房胡同10号门牌（图片提供：王鹏）

周永顺胡同

在西门内大街张志尧胡同以南，长296米，宽2.6米，清光绪年间建成，因内有周永顺开的米面铺而得名。这位周永顺原是卖烧饼的，他烙的吊炉酥火烧非常有名，放上一夜转天再吃仍然酥软。胡同中有几户穷人，以拾废品为生，出入背着个毛篮筐，因此旧时人们又将此胡同戏称为“毛篮胡同”。

·周永顺胡同14号门牌（图片提供：王鹏）

仓门口

位于东门内大街北侧，长 130 米，宽约 4 米，因明宣德元年在其北部建有三卫的三座粮仓存放军粮而得名。三仓分别为天津卫大运仓、天津左卫大盈仓和天津右卫广备仓，三仓共有仓房一百一十间，各有门楼一座、官房三间（办公室），均于明末被焚毁。现其南口保留有基督教的仓门口教堂，仓门口旁还有仓门口横胡同。

仓廒街

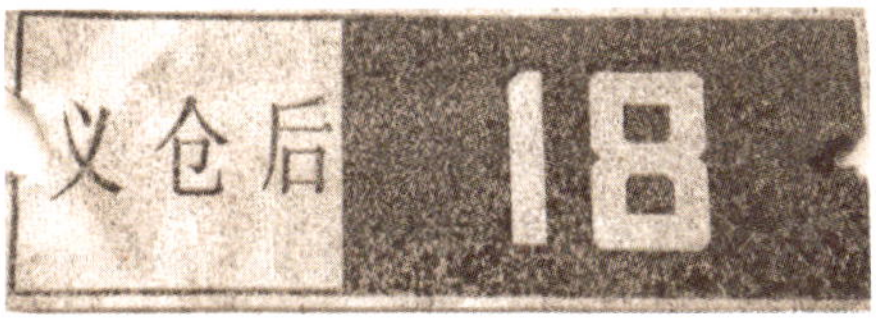

· 义仓后 18 号门牌（图片提供：王鹏）

旧名义仓街，长 233 米，宽 5.1 米。据《天津政俗沿岸记》记载，清道光十四年，天津知县张钦祖于城东北隅建廒二十间，十间官办者为常平仓，十间民办者名义仓，义仓是民办的慈善事业，由慈善家捐助物资，以救助贫寒之家粮食棉衣。天津城墙拆除后，东马路口建一木牌坊，由天津著名书法家赵元礼先生题写"乐善好施"四字，以表彰民间慈善家，故有人误以此牌坊题字为街名，称为"乐善好施街"，此一误也。又有人误以为明宣德年间建三仓于此，故名仓廒街，实际上三仓建于道署之西（仓门口内），此街在道署以东，两者不可混为一谈，此二误也。由义仓派生出义仓后、义仓东胡同等地名一直沿用到 2003 年，足以证明此处为"义仓"而非"三仓"。

晒米厂小马路

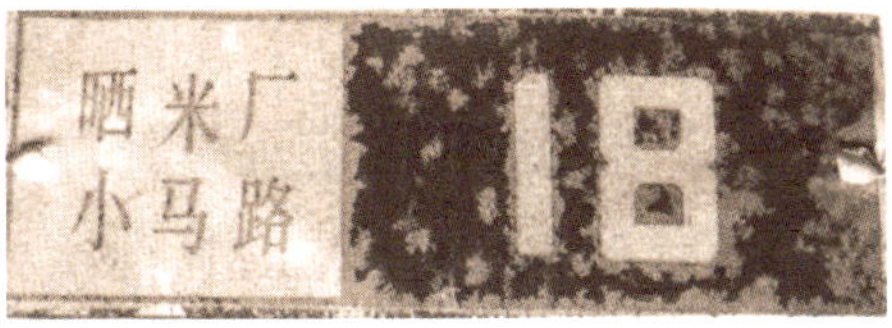

· 晒米场小马路 18 号门牌（图片提供：王鹏）

位于城内东南角水月庵以北，原为空场，供晾晒粮食使用。清初因三仓已焚毁，此处不再晒粮，逐渐成为居民区，仍以晒米厂命名，派生地名有晒米厂东胡同。

罗底铺胡同

位于西门内大街南侧，长 337 米，宽 2.1 米，建于清乾隆年间。

在胡同北口有一家郑记罗底铺，过去居民家中都备有面罗，夏季面粉生虫，吃时要过罗将虫筛出，时间长了罗底会破损，就拿到罗底铺去换新罗底。过去的罗底分很多种，细的是绢罗，较粗的是马尾罗，后来又有铜丝、不锈钢丝、尼龙丝等新材料。郑氏后人天津著名经学家、古文字学家郑菊如先生祖居于此。

自来水后

在西北城角的西马路东侧，长 77 米，宽 2.7 米，清光绪年间建房成巷，因位于济安自来水公司后而得名。

张家水铺胡同

在西门内大街的大水沟街以东，长 260 米，宽 1.3 米，建于清光绪年间。过去老城区自来水管很少入户，百分之八十的家庭要到水铺去买水，水铺有挑水工给送水，同时水铺有大锅烧开水，居民可以拿壶去买开水。

谢家水铺胡同

位于南门西小马路东，长 106.4 米，宽 3.5 米，因 1913 年有个叫谢四的在此开谢家水铺而得名。

冰窖胡同

北起东门内大街，南至二道街，长 342.7 米，宽 3 米，明代天津建三卫，各有一冰窖，此处因有左卫冰窖而得名。旧时还没有电，当然也没有电扇、电冰箱，盛夏只能靠天然冰消暑降温。有了冰窖，炎热的天气人们也能吃上冰镇的西瓜、果藕，喝上冰镇的酸梅汤、雪花酪，还可以买到直接用天然冰制成的刨冰、冰核儿。有钱的大户人家屋里还备有木制冰箱，不过这种冰箱没有电，只靠储藏天然冰来降温。因此，那时冰窖可是人们生活中不可或缺的。

津门文人多食客

民以食为天，谈到老城居民的生活，饮食是必不可少的。从前天津人吃什么、喝什么，我们需要查看前人的记载，其中诗人用他们的巧思妙笔，对天津的饮食做了真实而生动的描绘，读来可使我们从诗情画意中了解过去人们生活中的情趣。

清代诗人唐尊恒写了四首天津饮食方面的诗，描述的都是天津特产：

铁雀银鱼

树上弹来多铁雀，冰中钓出是银鱼。
佳肴都在封河后，闻说他乡总不如。

各色酒

茵陈玫瑰五加皮，酒性都从药性移。
还是高粱滋味厚，寒宵斟酌最相宜。

娑罗葡萄黄芽白菜

市上葡萄径寸长，题名马乳岂寻常。
大头白菜论斤卖，一二文钱价不昂。

孩梨苹果糖炒栗子

孩儿梨小皮何白，美女苹香面尽红；
更喜街头多栗子，带砂炒到十分松。

诗人崔旭对冻豆腐情有独钟,并专门写诗以记之:

冻豆腐

菽乳温柔不耐寒,凝霜冻块入朝餐。
切来巧露蜂窠密,煮出浑同羊肚看。
彻骨玲珑堪下箸,嚼冰滋味恰登盘。
黄韭白饭先生馔,正好冬厨饱冷官。

以下是清人杨映昶写的几首竹枝词,讲的都是天津的水产品:

临水人家傍岸居,门外秋水映芙蕖。
临流结得千丝网,网得双双比目鱼。

鸬鹚碟子小于萍,贩得鲜回尽入城。
青鲫白虾充馔好,登盘须逊女儿蛏。

生计惟凭旧钓车,鲁鱼网罢网羊鱼。
更临苇岸烹回网,便啖西施乳不如。

海邦七十二沽传,贱卖鱼虾不论钱。
一自年来水荒后,顿教价值倍于前。

今岁真逢大有年,蝗虫飞过海东边。
不愁鱼贵惟耽蟹,一个团脐仅一钱。

蘼芜杨柳绿依依,樯燕樯乌立又飞。
赚得南人乡思缓,白鱼紫蟹四时肥。

近代天津诗人冯文洵是城南诗社的主要成员。他在1926年写的《丙寅天津竹枝词》内容分两部分,一部分介绍天津的民俗文化,另一部分介绍天津的饮食文化,其中大量记载了天津的著名饭庄、糕点店、特色食品等。

一棹菱歌唱五湖，鸡头米熟剥明珠。

请尝小站营田稻，香味何如较葛沽。

这首诗介绍了天津的特产小站稻和鸡头米（芡实）。

·清代文人食客就餐时的情景

菜佣来自御河沟，新摘黄芽荐晚秋。

少买论斤多论卷，嚼霜滋味胜珍馐。

黄芽指的是天津特产大白菜，买得少时论斤，买得多时论卷，就是十五六斤捆成一卷。

尖团手擘满油黄，味比三春海蟹强。

晚食菊花锅最好，暮秋天气趁新霜。

每逢秋天，天津的河蟹非常肥美，雄蟹充满蟹油，雌蟹充满蟹黄，天津话叫“顶盖儿肥”，其滋味比春天的海蟹还香。秋天菊花盛开，吃火锅时放些菊花瓣，叫“菊花锅”，也别有情趣。

沽酒江村日未斜，蒌蒿满地柳飞花。

河豚号称西施乳，须佐青青苦菜芽。

河豚是美味，其鱼白叫“西施乳”，更是美味中的极品，但河豚有剧毒，处理不好，会致食用者中毒身亡。人们为了尝到这种极品美味，明知有毒也要吃，这叫“拼死吃河豚”。这首诗谈到用苦菜芽佐餐可解毒，其实河豚鱼肉、鱼白都无毒，而是鱼血和鱼子有毒，只要妥善处理好就可避免中毒。

望海巍然百尺楼，金钟已改旧时流。
三岔河口名仍在，不识银鱼上水不。

天津特产银鱼必须是从三岔河口打捞的才是金眼圈的正宗银鱼，味最佳，冬季煮汤有鲜味，别处的银鱼没有金眼圈。自从1918年三岔河口裁弯取直，把老三岔河口填平，再也见不到金眼银鱼了。

儿家不远隔溪塘，欢喜桥边恰遇郎。
比目双双虾对对，相贻权疑两鸳鸯。

欢喜桥旧时在城南海光寺，这里讲的是天津的海鲜有比目鱼和大对虾，对虾不论斤卖，而是论对卖。比目鱼，天津称其为鳎目鱼，夏季伏天吃，叫“伏鳎目”。

巨罗多骨号胜香，银样刀鱼尺样长。
投饵不来义便得，难逃烹割叹回黄。

巨罗鱼也叫胜香鱼，细鳞而多刺，刀鱼用鱼饵钓不到，下网捞则碰网即回，也难捕到，只好用鱼叉捕捉。这种刀鱼一尺多长，形似纤夫拉纤的纤板，因此又叫纤板刀鱼。

曲巷深深晓日娇，鱼虾担重一肩挑。
金钩卖罢来银米，绕过黄花又白条。

金钩是海米，银米小白虾是鲜虾，黄花指黄花鱼，白条指面条鱼，味皆鲜美。

梨名秋白胜哀家，果号花红脆带沙。
玫瑰葡萄苹果枣，纸签题字楚王瓜。

秋白梨圆形短把，有止咳化痰的功效；花红就是沙果的别名；玫瑰葡萄是汉沽区茶淀的特产；苹果枣是一种有苹果香的大枣；楚王瓜是长形的黄瓤绿皮大西瓜，主产地在山东德州，也叫德州瓜，现在已经很少见了。这首诗讲的都是水果，也叫“鲜货”，天津人管卖水果的商店叫鲜货铺子。

水桃雪藕赛京华，果露清香沁齿牙。
最好秋宵助谈兴，刘庄萝葡正兴茶。

这里讲的雪藕是一种很嫩的藕，夏天用冰镇凉，切片蘸白糖吃，清爽可口。刘庄的青萝卜有口皆碑，但后来绝种，现在的沙窝萝卜、葛沽萝卜也都不错。正兴茶在此处意指正兴德茶庄茶叶好。

豆腐方方似截肪，香干名数孟家扬。
汁能滋养胜牛乳，无怪街头多卖浆。

第一句讲的是块豆腐，第二句是说天津最好的香干是北大关孟记的，后两句是说天津人早点爱喝豆浆，街头到处都有卖豆浆的，其营养价值堪比牛奶。

人参果即落花生，丁氏糖堆久得名。
咏物拈来好诗句，东门之栗本天成。

天津把落花生叫大仁果，花生米叫果仁，鼓楼张二的炒人参果很有名，人称“果仁张”。丁伯玉人称“丁大少”，本为富豪，家庭败落后以卖糖堆儿为生，他的糖堆儿堪称津门之最。东门脸郑记的糖炒栗子也很有名。

一品香家茶食佳，胜兰恢复旧生涯。
买糕记取北门北，什锦元宵祥德斋。

这里介绍了老城有名的三家糕点店,又叫茶食店,一品香在东门外,胜兰斋在毛贾伙巷,祥德斋原在户部街,后迁到北马路。“买糕记取北门北”指的是耳朵眼炸糕。

油烹蚂蚱远闻香,卤味人称鸭子王。
铁雀莫将他雀混,登盘先喜啖铃铛。

炸蚂蚱是天津特有的食品,以鼓楼北于十的最好。鼓楼西王家卤煮野鸭最有名,人称“鸭子王”。铁雀并非普通麻雀,是三道眉草鹀的俗名,最好吃的是头部,津菜中叫“炸铃铛”。

包子调和小亦香,狗都不理反名扬。
莫夸近日林风月,南阁张官久擅长。

汉民包子有狗不理,回民则有南阁张官的牛肉包,日租界有个林风月堂卖的是羊肉包。

饺馅当年数姓孙,莫将猫耳误馄饨。
小如饲鸟嘲烧卖,卷子名留为戏言。

单街子燕春坊是回民馆,卖水饺、老板姓孙。猫耳朵和馄饨不一样,河东有个烧卖馆,烧卖极小,人们戏称其为“鸟食”。过去天津没有卖卷子的,北门外刘老季蒸食馆有一天来了个妇女买蒸饼,一个伙计戏言曰“没有蒸饼,有卷子”,“卷子”在市井中特指妇女邋遢,妇女含怒离去。掌柜的见状,马上令伙计们赶做花卷蒸之。少顷,该妇女率一伙人来买卷子,伙计以所蒸花卷卖之,方免去一场是非。从此,天津有了卖卷子的。

烂熟香腾肉出锅,玉华门外老馋多。
更逢归贾归来客,一路提携裹绿荷。

芦庄子玉华斋和侯家后归贾胡同的明顺昌两家酱肉非常好。酱肉用新鲜荷叶包装，去晚了就卖完了。

羔羊购自永三元，夜梦应防蹴菜园。
岂止砂锅红炖美，涮锅味亦亚都门。

宫南永三元烧羊肉，南市恩发顺砂锅炖牛肉，俗称砂锅炖，永元德涮锅子，都是清真馆，亦是津门美味名吃。

小楼曾记大烟筒，白饭红鱼味不同。
借问城南都一处，尝来可有穆家风。

竹竿巷西有个大烟筒，附近小楼有家店做的穆奶奶熬鱼特别好吃，荣业大街有个"都一处"清真馆，吃着也有穆奶奶的风味。

本地风光八大成，四扒馆亦最驰名。
欢迎座客仍欢送，道谢一声叹一惊。

津菜馆最有名的饭馆有"八大成"：聚庆成、聚升成、聚源成、聚乐成、聚和成、福聚成、义和成和义升成，还有擅长四大扒（四大扒是天津民间宴席的一种形式，内容丰富，变化多样，多以鸡、鸭、鱼、肉为主）的二荤馆。

清真馆子请君尝，应数鸿宾与会芳。
一派相传刘老季，专包教席做全羊。

清真馆最好的是鸿宾楼与会芳楼，而刘老季是专包全羊席的。

枯肠不惯餍膏粱，蔬食群推素馆张。
更喜石头门坎路，醉归风送菜根香。

素菜馆首推大胡同的真素楼，宫南石头门坎的大素包也很有名。

老城宜居

定居在一个地方就得有个家。但人有贫富之分，居住条件差别也会很大，天津城里既有大户人家的深宅大院，也有小户共居的大杂院。人口增长了，房子盖的多了，也就有了房屋和土地的买与卖。虽然都是交易，但各个时期交易的办法并不一致，都有时代的烙印。城市繁华了，流动人口不断增多，需要应对的社会问题也多了起来，于是城里多了很多旅馆、客栈、医院、诊所、中西药店、水塔、水铺等。

街景

老城民居形制多

天津于明永乐二年建卫，城内建筑有衙门、庙宇、兵营及民居。但城内古建筑已无存，天津最老的建筑是鼓楼以及城垣上的四个城门楼和四个城角上的角楼。现存最古老的建筑就是文庙，这种府县两庙并列的格局是清雍正时期天津升格为府以后重新扩建的，也是如今全国仅存的。

天津过去住在老城里是宜居的最佳选择，因为有城墙的保护，最有安全感，到了夜晚关闭了城门，又有更夫巡逻守夜，按时敲着梆子和锣，报告到了几更，口中呼着“小心火烛”，让人们注意防火，所以住在城里安全、安静、不杂乱。城里的另一大优点是地势较高，又有良好的排水设施，雨季可防涝。1939 年特大水灾，租界地全部淹没，而老城里基本无水。

老城民居多种多样，从平面布局来说有大型豪宅，分多进式四合套和组合式多院落，也有普通四合院，还有小型民居如三合院、“一字形”院等。从建筑风格看，有传统式的，也有改良式或中西合璧的。

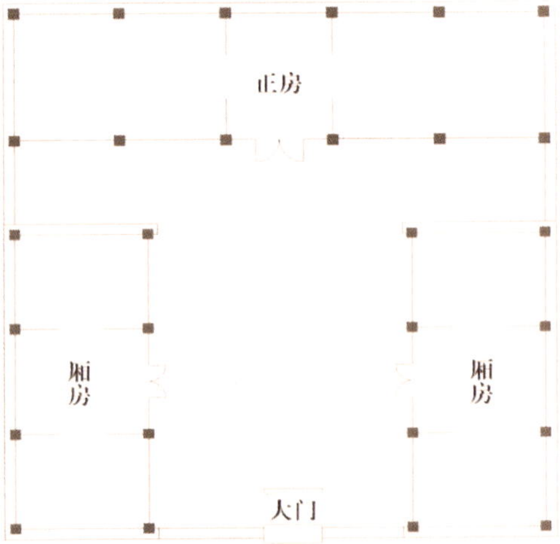

·三合院平面示意图（制图：于玉树）

老城里的民居以四合院为主，是由正房、倒座房、东西厢房四面房屋围成的封闭式方形院落，以平房居多，楼房较少。因人口的多少和财力的强弱不同，建筑的规模和格局也不同，有一进式、二进式、三进式，而官僚富商是将几个院子用通道串连成多进式的豪宅，有的多达七八进，形成深宅大院，叫“大四合套”。有的除主体四合院外，还附带大、小跨院，成为一片建筑群，可称之为组合式。

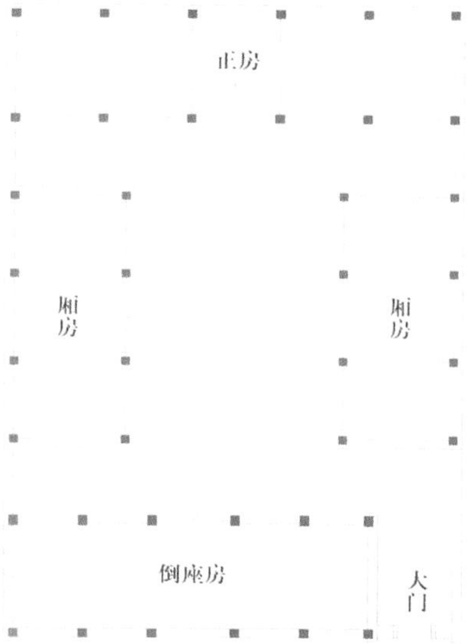

· 四合院平面示意图（制图：于玉树）

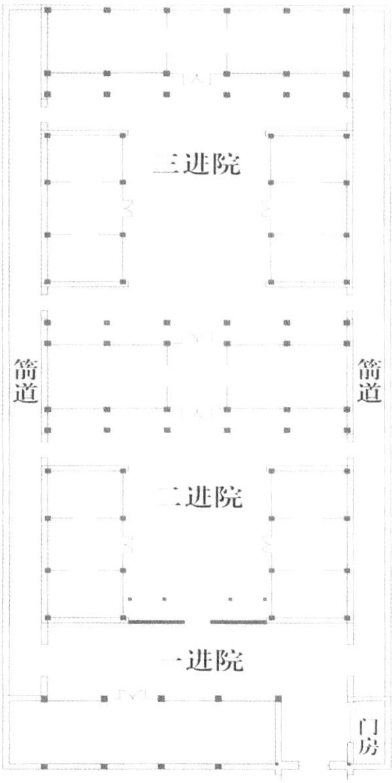

· 三进四合套平面示意图（制图：于玉树）

按明代规定，民居每家占地不得超过四亩。清代对民居也有严格的等级限制，普通百姓单体建筑不过三间五架，五品官员可用五间七架，民居建筑不得用斗拱，百姓门窗只能糊纸，不许安装玻璃，后来允许部分安装玻璃。

到了民国时期，建的宅院就不再受任何约束，可以随意发挥，有的吸收了西洋建筑的手法，中西合璧，一个宅院既有西洋雕塑的门垛，又有北方风格的四合院，还有江浙式的小楼，而走廊又安装有西洋铁艺栏杆，这属于改良式住宅。

也有些财力较差、地方不大的

人家盖不成四合院，只盖三面房一面墙，叫三合院。最简单的民居就是建成长条形院落，一面盖房或两面盖房，都属于“一字形”民居。

有些比较讲究的房子，大门是高台阶的虎座门楼，用条石砌台阶，门两边有精美的抱鼓石，条石的墙基，青砖砌墙，磨砖对缝，门楼内有门房，进门楼迎面有影壁，门楼前檐、山墙博风头、影壁等处均有精美的砖雕。有的房间用走廊连接，门窗都有精细的雕花格木棂，大漆油饰，方砖铺地，院中摆上花盆、鱼缸，令人进入院中就感到干净、整洁、舒适、大气。

·仓廒街徐家大院的影壁（摄影:戴晓泉）

·沈家栅栏卞家的金柱门楼（摄影:戴晓泉）

有钱人家入夏后会在主要院落搭天棚，晴天可以遮阳，雨季又能防雨。这是一种以杉篙为架，顶上铺苇席的棚子，专门有棚铺出租，讲好价钱，棚铺就派棚匠带着物料来搭好，秋后再拆去。仓廒街徐鹤桥家则是铁罩棚，四角有可升降的铁架，顶上有可开合的铁窗，在当时属较现代化的了。

· 仓廒街徐家大院的铁质天棚（摄影：戴晓泉）

城里的房子大多数是砖瓦房，没有窝铺一类的简陋房屋，只有少数的简易房，叫“篱笆灯”。这种房子是用砖打好地基，四角立木柱，用苇把子排成墙里，外用木板条夹牢，用泥加埝草抹平，晾干后再用白灰麻刀罩面，最后室内刷浆一白落地，外墙刷青灰。屋顶是一慢坡的平顶，和外墙同样处理。还有一种叫“穿靴戴帽篱笆灯”，就是从下面地基起后上再用砖砌到一米左右的窗台，窗台以上用苇把子扎篱笆灯，到房顶起脊铺瓦顶，这样的房子上下都和砖瓦房一样，就叫“穿靴戴帽”。“篱笆灯”的优点是造价低于砖瓦房，抗震能力极强，因为苇把子有极好的柔韧性，再强的地震也不倒，缺点是牢固性不如砖瓦房，不能盖楼，隔音性、保暖性都不如砖墙。一般的院落正

· 仓廒街上的“篱笆灯”墙面（摄影：戴晓泉）

· 道署东箭道上的大院，门楼磨砖对缝，门内有假山戏楼（摄影：戴晓泉）

房是砖瓦房，偏房和附属房间是“篱笆灯”。

老城里还有一种砖混房，属于改造房，原房一明两暗，中间开门，两边屋都是木隔扇，后来改成三家住，各自开门，里面拆去木隔扇，改扎“篱笆灯”。这种房子的缺点一是隔音差，二是墙上不能钉钉子。

随着社会的发展，老城里的居住条件越发显得落后。老城里的房子大多没有独立卫生间，从前是家庭自备粪桶，每天有“蹚灰”的拉着粪车来收集。中华人民共和国成立后没有“蹚灰”的了，建了一些公共厕所，多数人大小便都去公共厕所。每天早晨，公共厕所门前都排很长的队，赶上雨季和严冬时节很不好过。公共厕所也是“旱厕”，没有水冲设备，每天由淘粪工人来清理。

中华人民共和国成立后，大宅门也逐渐消失了，有的改成工厂或企事业单位，有的搬进很多住户成了大杂院，而随着人口逐年地增长，住房渐渐紧张，于是在院里私搭乱盖，如屋外盖厨房、屋里加暗楼的现象随处可见，能保持原有建筑格局的建筑不多了。20 世纪 70 年代，国家号召“深挖洞，广积粮”，许多院子还挖了防空洞，使部分房基受损。1976 年，地震也使不少房屋受到损坏，但建筑精良、磨砖对缝的真正四合院很少损坏。1994 年，北马路、西马路内环线工程动迁开始，拆除了北马路、西马路老城里一侧的房屋，到 2003 年，对老城里进行整体改造，除保留了极少数建筑外，老城里全面拆迁，

· 府署街 71 号包晨英家（摄影：杨惠泉）

至此老城里的原住居民已基本迁到城外。

津城古今易房地

老城里的居民由于家族的兴衰和人口的变迁，居住的房屋也随之发生变化，于是产生了房屋的买卖、典当、租赁等活动。过去老城里没有房地产交易市场，都是通过房屋经纪人完成交易过程。这种搞房地产的经纪人在天津叫“房牙”，也叫“跑房合的”，俗称“房虫子”，政府批准的合法经纪人叫“官经纪”。无论是房地产的买卖、典当、租赁，还是赠与，都要签订契约，契约上贴税票，盖有红色政府公章，方是具有法律效力的文件，叫红契。也有私下达成交易，签订了契约的，但没有向政府纳税，上面没有税票和公章，叫白契。通过土地与房屋不同形式的相互交易、租赁，便产生了多种契约形式。

官产地的出租和买卖

天津拆除城墙修成马路后，马路两侧的地基由政府统一管理，地分三等价格向商户和居民出租。

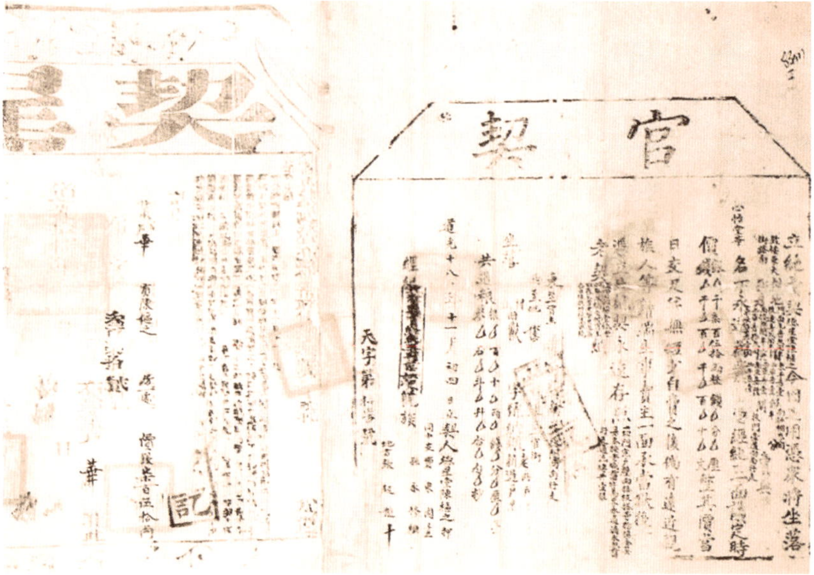

· 1838 年直隶布政使司官契及契尾（摘自《天津房地契》）

一等地：东马路自东北角到东南角、南马路的东南角到南门脸、北马路的东北角至北门西县署门前，马路两侧土地，每亩定价 2 500 元。

二等地：南马路南门脸至西南角，北马路县署以西至西北角，西马路西南角至西北角马路两侧土地以及一等地马路两侧的后面和胡同均为二等地，每亩定价 1 300 元。

三等地：二等地的马路后面及胡同，每亩定价 600 元。

以上土地签约后可以永久使用，每年只需再交纳一些税金即可，名为出租，实与卖地无异。到了民国时期，就直接按以上价格发给买契。例如江西会馆原在估衣街，后墙在护城河畔，1900 年毁于战火，拆除城墙后重建江西会馆，前门改在北马路，门前有一块空地，面积 83 平方米（以旧亩计为一分二厘五）。1926 年，政府将此地卖给了江西会馆，按一等地价每亩 2 500 元，共卖 312.50 元，发给的就是买契，买契上可见纳税 18.75 元，是地价的 6%，上有红色官府印章，这就是红契，也叫官契。而白契是私下交易，没有照章纳税，也没有官方印鉴，又叫草契。进入民国时期，白契也被政府承认，而且有固定格式，由官方印制成“天津特别市买典草契纸”发售。

绝卖房地契

房地产可以当成商品买卖，分为活卖和绝卖。活卖是指将来经济情况好转可以赎回，但事实上卖完后回赎的情况极少。绝卖就是将土地和地面所建房屋永久性卖给对方不再回赎，契约上注明“永不回赎”。

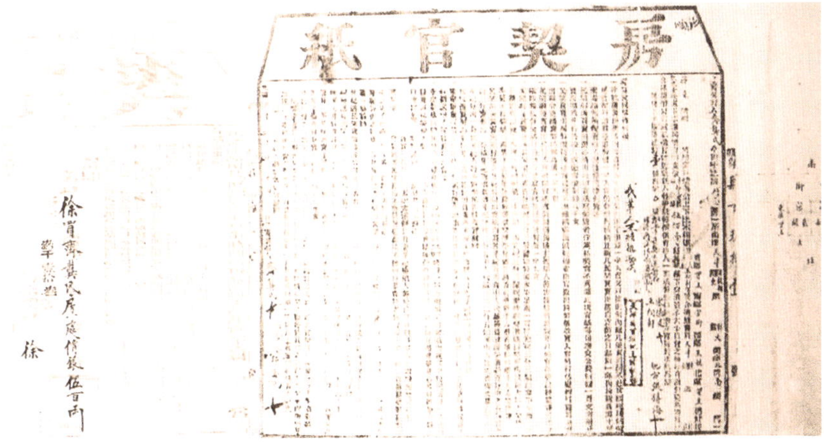
房契官纸

· 1904 年直隶布政使司官契及尾契（摘自《天津房地契》）

例如同治七年，住在户部街乡祠西胡同的李先生将一套两进四合院卖给了赵先生，前院是倒座南房四间、门房一间、东西厢房各三间、北面过厅五间，后院是正房五间、东西厢房各三间，外带东院是乡祠的庙地，盖有浮房六间以及仓、厕等房。由买方、卖方、中介人三方言明卖价二千六百五十两，签订绝卖契约，由买方、卖方、中保人、官经纪、四邻、乡约地保共同签字画押，契约上言明“自卖以后，倘有族人争竞违碍，由卖主承管，不与买主相干，两家情愿各无反悔，欲后无凭立此存照”。

又如道光十八年，德星堂陈枢之将坐落在鼓楼东大街路南村地街的门面房卖给了心怡堂华名，由买方、卖方、中介人三方言明卖价，签订绝卖契约，由买方、卖方、中保人、官经纪共同签字画押，契约上写明“自卖之后，倘有远亲族人等生事，卖主一面承当，欲后有凭立杜绝”。

这样房屋和土地就更换了主人，买方凭契约向政府纳税后，政府盖上公章，契约便有了法律效力，卖方的本家任何人再反对也无效，当然买卖双方都要付给经纪人一定的佣金。

典当房屋

典当房屋相当于私人间的房屋抵押贷款，一般情形下是房主需要用钱，于是将房屋出让给对方一定期限，到期赎回，期限由双方议定，可定二年、三年、五年、十年，实际上相当于将房屋让给对方使用，以此换得一大笔钱以解燃眉之急，到期需要归还借款，才能将房屋赎回。房屋典当可以整个院落全部典当，也可留出自用房，典当一部分房屋，有时还会一个院落分别典当给好几家。典当的房屋产权仍属房主本人所有，对方只拥有使用权，对于房屋的维修问题，一般契约要注明，在典当期间，大修两家出资，小修自理。典当的房屋在典当期内，双方都可能发生一些经济变化，到期后有时是典主无力赎回，而对方却急需用钱，在此种情况下也允许将房屋再次转当给别人，所以典当契约要写明“典当期内不可转当，期满后无力赎回，听凭转当”。当期满后房主无力赎回，实际相当于放弃了产权，房屋归对方所有。也有一种情况，就是房屋价值高，所当的价格偏低，那么房主可以提出另签一份续当契约，因此可以再获得一笔钱，也要明确年限，到期后两笔钱都要还清，对方才能退房。

租房

没有经济能力买房、盖房者，可以租房，有的是租房居住，也有的是租房搞经营，临街的门面房可以开商店，不临街的可以开作坊或做内局。也有人专门投资建房，就是用于出租，他们以收取房租为生，在天津称之为“养房产的”，俗称“吃瓦片的”。

出租方和承租方双方商定好租期和租金，也要签一个租约，比如讲明不许转租转兑，不得搞非法经营。过去是出租方给承租方立一个租房协议，租房协议的前头写上租约，后面预留有大量的空白页，每月收取租金后，收租人要在租房协议上写明收租的日期、金额并盖上手章。出租房的维修一般由出租方负责。

还有人低价租到房屋，再加价转租给别人，从中渔利的，因为他并没有房产，不是房东，人称“二房东”。

除以上因房屋土地的产权、使用权变化进行的交易以外，有些属非交易性的变化，也需要有合法的手续，就是房屋的借用、赠送和继承等，需要分别签订借契、送契或遗嘱等文件，取得法律上的认可，避免纠纷，这里不再赘述。

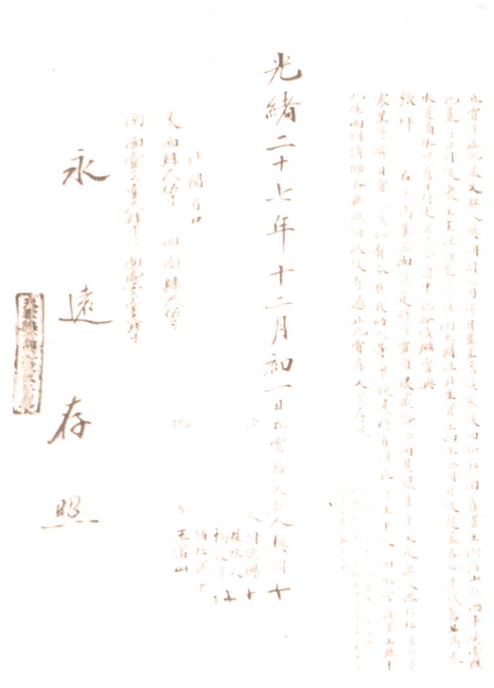
光緒二十七年十二月初一日
永遠存照

·清光绪二十七年侯家后的卖方文契（戴晓泉收藏）

租地建房

明代时，天津老城里还有一些空闲地。自从清雍正时期天津卫升为天津府以后，城里的人口增多，有些人想盖房居住却买不到土地，原来那些空闲地或为官产或为私产都有了主人，而他们却只租不卖。如果要租这些空闲地，当然双方要签订一份土地租赁合同，拥有土地的主人就相当于城市里的地主，合同怎么订，全由他说了算。通常这种合同类型分为三种：

第一种是租地收地。租期订几年由双方商定，或三年五年，或十年八年，租期到，租户要将地面上的房屋物品全部拆除腾空，交给主家一片空地。到期后，如果还想继续租用，要征得主家同意，再续订合同。这种租地者大多是租地用来开柴草厂、煤厂、人力车厂等，圈个围墙，搭个大棚，建两间简易房，就可以营业了。但这种租赁合同中有一条霸王条款，就是主家有权随时收回土地，而租户必须在限期内搬走，交回空地，所以这种租地者一般不盖太好的房子，都是些简易房。

第二种是租地收房。这种合同约定租期一般在十五年到二十年之间。租地大多都处在较好的地段，适宜建商用房，当然也能商住两用。房屋建成后，租地者可以办理房契，房子属于租地者所有，但租期满后，主家会将土地和地上的建筑一起收回，租户得交出房契，把房契改成主家的名字。此时，租户只有两个选择：一个是连地带房交还地主，立刻搬家；另一个是征得主家同意，继续住下去，但得交房租，因为房子已是主家的了。租这种地建房时，主家往往会亲自或派专人监工，确保建筑质量优良，防止偷工减料，避免租期满后收回的房子已成危房，将来维修后患无穷。

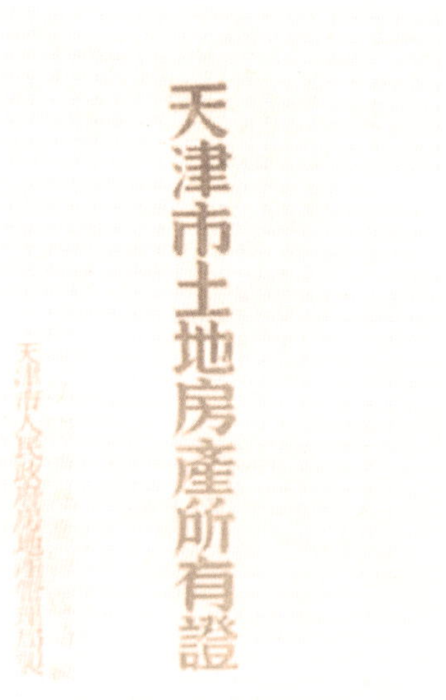

·1955 年天津市房地产管理局制天津市土地房产所有证（摘自《天津房地契》）

第三种是长租不收地。这类合同往往不定具体租期，主家并不打算收回土地，允许对方长期租用，但随着市场通货膨胀，租金可以适当调整。这种租法多用于民居，承租方租到地后一般会按自己的设想和布局来建房，子子孙孙长久住下去。也有人从地产公司那里租下一大片地，盖上成排出租房，再成立个房产公司负责收租管理，把租地建房变成商业性质。

无论哪种租地方法，在租地上所建的房屋均没有地契，是浮于别人土地上的房子，天津人将这种房子统称为浮房。其实浮房是房地产交易中的术语，指的就是只有房契没有地契的房子，同样地段同样质量的房子，浮房比有地契的房屋价格要便宜许多，因为浮房没有地产权，每年必须向地产权所有者交纳一大笔租金。

从东南角到多伦道这一段和平路两边的楼房均为浮房。当年汉奸方若事先得知日本要将这块空地扩充为日租界，遂提前低价买下这片土地。当时日本建成这段马路叫北旭街，成为连接老城和租界的主要交通干线，随着商业中心从估衣街向租界南移，这里日趋繁荣，而要在这条街上建房只能向方若租地，所以他趁机发了大财。

·1983 年天津市房地产管理局制天津市国有土地使用证（摘自《天津房地契》）

中华人民共和国成立后，到 1982 年中华人民共和国第四部宪法颁布前，老城里的土地和全国其他城镇土地一样，主要有两种所有制形式：一是国家土地所有制；二是土地私有制。

《天津通志：土地管理志》中记载，国家所有的土地主要包括：中华人民共和国成立初期政府接管或没收国民党和反革命分子等占有的城镇土地,无偿变为国有土地;1956 年国家对资本主义工商业和私营房地产业进行改造,实现全行业公私合营后,将原私营企业的房产占地,经清产核资,用赎买、定息的办法,将地产转为国家所有,虽然在法律上还没有取消资本家和业主的土地所有权,但其所有权只能体现在获取定息(地租)上,实际地产权已为国家所有。中华人民共和国成立后,随着城镇建设的发展,不断向城镇私人所有土地和农村集体所有土地进行征用。经过征用方式取得的国家建设用地,一律转变为城镇国有土地。

老城里一些中华人民共和国成立后建立的服装厂、药厂、机关等用地就属于上面的第一种或第三种情况。而很多公私合营后的资本家,其原来的商铺占地归国家使用,住房用地在开始时一般还是自己居住使用,但变成了公产或企业产,也就是第二种情况。

城镇私有土地,主要是城镇私有房屋的宅基地,包括自住和社会主义改造规定起点以下的个人出租房屋。这部分私有土地,在城镇是星罗棋布的。1982 年我国第四部宪法颁布实施以后,城市土地完全属于国家所有,至今未变。

契纸存根

·1954 年第三区二段小王庄吉德大街吉人里十号王文阑卖给张秀珍的契纸存根(戴晓泉收藏)

自 1949 年中华人民共和国成立到 1982 年颁布第四部宪法,老城里的私有土地使用制度有两种情况:一是自有自用,两权合一;二是土地租赁,有偿使用。在 1956 年社会主义改造完成以前，城市私有土地也和农村的私有土地一样，是可以买卖、出租的。随着社会主义改造，城市私有土地的出租范围逐步缩小。到1982年我国第四部宪法颁布后，城市私有土地全部收归国有。

中华人民共和国成立后，老城里的国有土地长期实行行政划拨、无偿无期限使用、禁止转让出租的使用制度，土地的划拨使用均由国家相应的行政机关负责，这种制度一直延续到1992年城市土地使用制度改革。

1992年2月19日，天津市人民政府发布《天津市国有土地使用权出让和转让暂行办法》规定：土地使用权出让是指市人民政府以土地所有者的身份将土地使用权在一定年限内让与土地使用者，并由土地使用者向市人民政府支付土地使用权出让金的行为。土地使用权出让最高年限为：居住用地七十年；工业用地五十年；教育、科技、文化、卫生、体育用地五十年；商业旅游、娱乐用地四十年；综合或其他用地五十年。土地出让的方式可协议、招标、拍卖。2003年10月，天津老城整体拆迁完毕，2004年8月，政府对老城的土地进行整体招标，北京和香港的两家公司中标，由此拉开了对天津老城整体拆迁后彻底改造的序幕，天津老城厢逐渐形成了今天高楼林立、别墅遍布的景象。

据《南开区房地产志》记载，中华人民共和国成立后，天津市南开区内（老城内也基本如此）的私产房屋主要有三种：一种为中华人民共和国成立前豪门显贵建造的宅邸、当铺、店铺、钱庄等；另一种为贫苦百姓建造的简易住房；再一种为外国人投资建造的房产。公产房屋主要有以下几种：（一）公署、衙署、官府、庙宇、寺院、教堂等，为历代官府所建；（二）国民党时期遗留下来的所谓公有房产，实质上乃是四大家族为首的大地主、大资产阶级少数人所占有的财产；（三）没收日伪、汉奸、地主、官僚资本家以及罪大恶极反革命分子等的房产；（四）1956 年和 1958 年分两批对城镇私人出租房屋进行社会主义改造的房产；（五）房管部门历年来接管的房产；（六）政府部门历年来统建的房产；（七）房管部门历年来自建的房产；（八）内外合资兴建的房产。

住宅和经商用的房屋是与老百姓最为密切相关的，老城里的住宅既有高墙大瓦的深宅大院，又有低矮的土坯房和三级跳坑的房屋，更多的则是普通的民居小院及临街房屋。而这些住宅房屋在中华人民共和国成立前大部分为私有房屋，对老城里大部分私产房屋的管理主要经历了 1956 年和 1958 年两次改造。

第一次主要是针对私营房产公司、经租处、事务所、企业（租用的私房）和占有三百间以上的大房主。具体办法是，按照 1955 年实收租金，扣除房地产税、修缮费等开支，找出其利润额，按实收租金的 2% 至 5% 定租，以示照顾。

第二次改造是第一次的延续，改造的是没有纳入第一次改造的私有住房，通过这次对私有制房屋的改造，除了一些房主主动将房屋交给国家外，私产房屋的产权仍然还是私产，但租金由国家统一制定，统一管理。不过很多旧时家道较为殷实的人家自己住着独门独院的情况还比较普遍，一些交了部分房产的住户院落中开始住进其他住户，即使这样，院子里也还没有后来那么多私搭乱盖的小房。

“文革”期间，一大批私人房屋被查抄、压缩和挤占，不少原本一家住的院子挤进了很多户，私搭乱盖现象逐渐增多，城里不少大杂院就是这样形成的。院落的破败速度从此急剧地加快了。

1978 年中共十一届三中全会后，开始逐步发还在十年动乱中被挤占、没收的私房，很多房主被落实了政策，但有的房主已经去世，直系亲属无从查找，也就无从落实了。

1950 年 9 月，天津市成立了天津市房地产交易所，1951 年各区的房地产交易所也相继成立。同年，市政府发出了《关于取缔房地产经纪人及房屋典当与强制空房出租的指示》,并警告:所有房地产经纪人和房地产经纪组织均不得从事房地产经纪活动,不得索取佣金或其他任何费用,违者一经查获,从严惩处。从此,“房牙”“跑房合”“房虫子”这类行业绝迹。就老城目前所在的南开区来讲,房地产交易所曾更名为私房管理所、房产交易所、房地产交易所。“文革”期间曾停止过交易,1973 年又恢复,“跑房”的“房虫子”重新多了起来,直至 1994 年 10 月成立了房地产交易市场,房屋的买卖逐渐活跃起来,房产经纪人制度也渐趋成熟,大大小小的房产中介企业如雨后春笋般遍布街巷。

1956 年,天津市各区都成立了房产公司,对辖区内的公产房屋及土地进行管理。当时老城里属于城厢区,房屋及土地分属东北角、东南角、鼓楼西三个房管站管辖。1962 年,城厢区并入南开区,1993 年改为鼓楼北、鼓楼南两个房管站管理。老城里公产住户房子有了问题,都会通过房管员或是直接找到房管站报修。房屋如果实在破败,居住困难,房管站还会安排重建。如北马路至祥里的德源栈,在中华人民共和国成立前是大车店,后成为大杂院,在 20 世纪 80 年代因年久失修重建成了有院有廊的三层住宅楼,每月或每季度经常会听到房管员喊:“收房钱啦!”原鼓楼西房管站坐落在西门内大街分府箭道 5 号,鼓楼南房管站坐落在大费家胡同 36 号,在石桥胡同与河营前胡同的交口处曾有一处房管站的存料点,相隔很远便可看见树立的杉篙,那也成为当地的一个地标。2003 年,老城整体拆迁后,房屋基本拆除,而后老城里的房管站也全部撤销。

城厢之中寻客栈

过去,老城里除了固定的民居外,也有接纳来往客商等临时居住的旅馆,但为数不多。自拆除城墙后,修建了东南西北四条环城马路,又开通了有轨电车,交通极其便利。随着城市的发展,在这四条马路上又开设了一些旅馆客栈。

城厢地区旅馆住的以商人居多,客栈大部分是外地客商长期包租做生意,而且住的大多是同行或同乡。比如豫丰栈是河南人开的,住客也多是河南客商;而保阳客栈老板是保定人,这里住的则大多是保定周边的客商。这些客栈每天进出的都是谈生意的商人,租房长住者被称为在天津"坐庄",相当于外地企业在天津设立的办事处。他们在津或采购原材料或批发产品。这种旅馆的功能类似于今天的写字楼,有的房客就在住处自己生火做饭,如同在此处安了家,有时回乡一趟房子也不退,旅馆会为他保留,屋内如存有货物,也不会丢失。

在清代,天津府下辖天津、静海、青县、盐山、南皮、庆云等。科考时各地的学子到天津来参加考试,都要住在县城附近,届时城厢附近的旅馆大都客满,一些家庭住户就会将自家的闲置房临时出租给考生。他们有的提前多日就来津准备功课,而房主屋中的家具、日用品也给书生们免费使用,但也发生过书生临走时把喜欢的物件"捎"走的不道德行为。《津门纪略》一书就记载了一件房客偷走女主人绣花鞋的事。

清代外地官员、公差来津办事或过路休息,则多安排到驿馆居住。天津的驿馆在北大关，设有馆驿楼，相当于政府的迎宾馆、招待所。

·老客栈内景

民国时期，天津老城的商业逐渐繁荣起来，创办了不少旅馆、货栈，集中分布在老城四条马路上，规模较大的有大隆客栈、太平旅馆、中南旅馆、交通客栈、永记客栈、裕丰客栈、天财客栈、环球旅社八家，属坐落于华北戏院后的大隆客栈规模最大，主楼三层，建筑面积 1 707 平方米，客房 111 间，住客多是买卖内局，长期租赁。20 世纪 20 年代开业的太平旅馆，坐落在东马路南端，主楼三层，建筑面积 1 451 平方米，有客房 60 余间，固定床位近 200 个，客流量较大，因地理位置靠近旧租界和南市，店内设备较好，所以旅客多为商界、政界及梨园名流。那时旅馆内服务人员多来自农村，收入除了微薄的工资外主要靠小费。在这些旅馆里，服务上讲究“三水”进客房，“三水”指的是饮用水、漱口水和洗脚水。

中华人民共和国成立后，旅馆、客栈至 1956 年实行公私合营，逐渐由国家依据行政区划进行统一经营管理。老城里几经变迁归入南开区,由南开区旅馆基层店对整个南开区的旅馆进行管理。基层店管辖的旅馆,除八里台旅馆在城外,其余十几家都在老城里,大都是由老客栈更名而来。

豫丰栈:北门内府署街 8 号,中华人民共和国成立后更名为城厢旅馆。

共和兴:北门内只家胡同 3 号,中华人民共和国成立后更名为健康旅馆。

保阳客栈:北门内。

慎昌旅馆:北门内小宜门口 9 号,中华人民共和国成立后更名为向众旅馆。

同盛旅馆:南门内大街 89 号,中华人民共和国成立后更名为南门里旅馆。

大隆客栈:北马路龙亭西箭道 9 号,中华人民共和国成立后更名

· 龙亭西箭道的全福大旅社,民国时期为大隆客栈(摄影:戴晓泉)

为晨光旅馆。

公益栈：北马路 170 号，中华人民共和国成立后更名为北门东旅馆。

乾泰栈：北马路 473 号，中华人民共和国成立后更名为北门西旅馆。

通源：北马路。

道生：北马路。

义盛通：北马路。

新风旅馆：北马路二条胡同 2 号，在北门西。

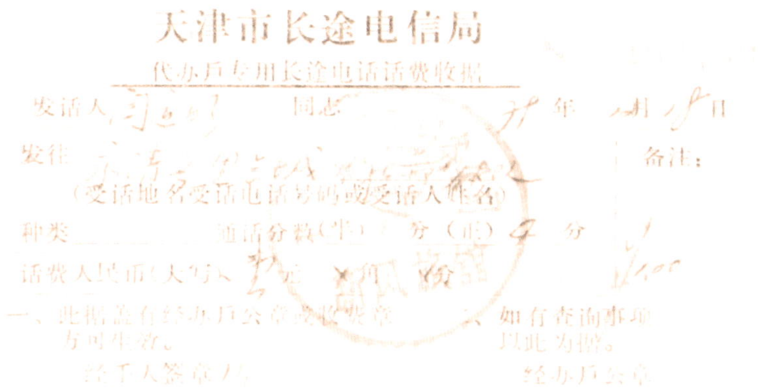
天津市长途电信局

代办点专用长途电话话费收据

发话人　　同志　　年　　月　　日

发往　　备注：

（受话地名受话电话号码或受话人姓名）

种类　　通话分数（中）　　分（正）　　分

话费人民币（大写）　　元　　角　　分

一、此据盖有经办点公章或收款章方可生效。　二、如有查询事项凭此为据。

经手人签章　　经办点公章

· 1979 年 12 月 18 日南开区服务公司新风旅馆开具的长途电信局收据（戴晓泉收藏）

太平旅馆：东马路 198 号，中华人民共和国成立后更名为东马路旅馆。

乐宾旅馆：东马路三多街 10 号，中华人民共和国成立后更名为曙光旅馆。

永新旅馆：东马路六吉里 14 号。

中南旅馆：南马路 112 号。

永胜旅馆：南马路 198 号，中华人民共和国成立后更名为南门东旅馆。

南开旅馆：南马路 471 号。

· 西马路 393 号环球旅社（摘自《天津老照片》）

民族旅馆:西马路 60 号。

交通栈:西马路 67 号,中华人民共和国成立后更名为津南旅馆。

环球旅社:西马路 393 号,中华人民共和国成立后更名为西南角旅馆。

龙泉栈:西马路,后更名为龙泉旅馆。

西马路还有大通栈、文升栈、永成栈、恩祥栈、德元栈、积福栈等多家客栈。

过去天津旅馆也分等级,特级和甲级都在租界地区,老城里一带多为中档旅店,而低档的旅店多在城外边远地区。

杏林悬壶场所众

老城里的行医者

明清时期,老城里没有专门的医疗机构,看病只有三个途径:第一是去私人诊所。那里有私人挂牌行医,就是在自己家里给人看病,有时也到病人家中去看病,叫出诊,这种往往都是祖辈相传,门口挂个木牌,上写“祖传名医 × 寓所”,他们只看病不卖药。第二是到中药店。中药店请名医每天到药店里给人看病,当场开了药方就近在药店抓药,这叫坐堂,病人得排队挂号,为了防止医生过度劳累,有时还限制人数。第三种是找走方郎中。他们一手摇着串铃,一手拿着竹竿,竹竿上挑着白布条,上写“专治疑难杂症”一类的宣传语,走街串巷入户看病。此外,还有江湖医生拔牙、点痦子、治脚鸡眼等,这些人大都散布在城外的各市场谋生。那时的妇女生孩子，大多都会请接生婆到家里来接生。

清代的名医有洪天锡，著有《素问解》《灵枢解》《补注瘟疫论》；寇兰皋，著有《痧症传信方》；高思敬，字憩云，著有《高憩云外科全书十种》，不仅记录成功医案，还记录了失败病例，供后人吸取经验教训，这种为自己揭短的精神非常难能可贵。盐商李善人在东南城角利用自家的清修院办慈善医院，请来名医毛景义，后来清修院改成居士林，毛景义在草厂庵胡同自办养静医寓行医。

民国时期，老城里的中医可谓名家众多。

张锡纯（1860—1933 年），字寿甫，我国医林四大家之一，曾在沈阳创办全国第一家中医医院——立达中医医院，任院长，主张中西医结合，创中西汇通派，晚年在天津东门内大街开办中西汇通医社，并办中医函授班传授各地弟子，桃李遍天下。其著作《衷中参西录》在中华人民共和国成立后还多次点校再版。

丁国瑞（1869—1929 年），号竹园，著有《竹园医话》《治疾捷要》等医书，创办医药研究会，促进了医药事业的发展。

陈曾源（1873—1939 年），字泽东，曾在东门内文学东箭道 5 号创办中国医学传习所，任所长，先后办六期，培养了大批中医人才。1926 年，发起成立天津中医同业公会，任会长。1931 年，改组中医研究会，任会长。他编写了各医科的讲义，著作颇多，还创办了中医期刊《国医正言》。

苏少权（1885—1960 年），天津著名骨科世家第五代传人，在东马路青年会旁开设钰权堂苏少权正骨科医室，同时受聘于天津消防大队任医师，比商电灯电车公司医师，中华人民共和国成立后任人民医院正骨科中医师。

古今人（1895—1986 年），本名关纯厚，先学师范，后习中医，师从张锡纯，又到北京华北国医学院深造，受教于施今墨、孔伯华等。1940 年，在津创办天津国医学社，任社长，先开办于法租界，后迁到

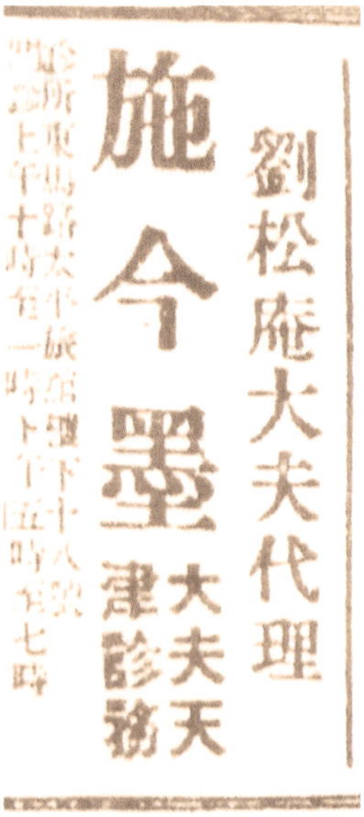

·名医施今墨在东马路太平旅馆行医时,在报纸上刊登的广告(图片提供:张显明)

东南角草厂庵,设有本科学制三年,速成学制一年,聘请施今墨等名医讲课,到 1947 年停办,改成草厂庵小学。古今人还办有“贫病救济会”“廉诊所”,既帮助穷人就医,又为学生提供了实习基地。

民国时期,城里名医还有在北京太医院当过御医的张鹤田以及安琴舫、郭子光、金丙辰、刘星垣、赵瑞升、王懋斋等,他们均各有所长。

到了20 世纪50 年代,又有号称“小儿王”的儿科专家王慎轩、施今墨的弟子顾小痴,中医外科有梁月坡、高启云、高幼云,中医骨科有姜玉亭、岳鸣祥、孔庆文,还有名医张鹤孙、安幼舫、魏价天、梁梦雄、张矩英、朱世恩、王绣实、谢春波等,可谓人才济济。

老城里一带药店里的坐堂医生

店名	店址	医生
鹤竹堂	东门内	张鹤田　王静斋　张鹤孙
乾元堂	东门内	郭子光
文远堂	北门内	马文亭
合生堂	西门内	郭季贤
太和堂	西门内	杜宪斌
天一堂	西门内	张羲人
榕厚堂	南门西	王永奎
一和堂	东马路	赵庆芝　赵桂三
同生堂	北马路	张鹤亭
恒生堂	南马路	李渭北
景和堂	西南角	王华轩

续表

店名	店址	医生
瑞生药店	鼓楼东	高树堂
同达公药店	南门内	王庆生　靳毓璞
瑞隆眼药铺	北门内	卜昆山

老城厢一带的私人诊所和医生

店名	店址	医生
中西汇通医社	东门内	张锡纯　孙香荪　高仙庄　杨秀章
寄生社	东门内	闫秉元
冀六医社	南门内	张镜轩
同人医社	西门内	高少云　高幼云
体仁医社	鼓楼东	安琴舫
民福医社	鼓楼南	梁月坡
博雅医社	鼓楼南	张雅庵
纯善医室	南门内	周秀峰
田氏医室	南马路	田熙元　楚贺珍
广育学会	鼓楼南	杨忻忱

老城厢一带在商场旅馆租房的行医者

店名	店址	医生
北海楼	北马路	刘克生　潘春台
天津商场	北马路	杨鼎臣
北洋商场	北马路	孙惠民
东安市场	东马路	李宝璋
中东客栈	东马路	武临庄　高清秋
太平旅馆	东马路	李廷瑜　郭文藻　刘鸿儒
中南旅馆	南马路	高俊藻
交通旅馆	西马路	刘荫周
公益分栈	北马路	康子阶
永成栈	西马路	王汝成

续表

店名	店址	医生
华盛永	东马路	张树林
吉祥公司	北马路	王秀峰
三星公司	北马路	任增琇

还有许多在家挂牌行医的老中医,就不详列名单了。北京名医施今墨、孔伯华等也常在天津行医。

老城里的西医院

这些医院规模都不大,实际就是诊疗所,只有门诊,没有住院部。日伪时期,行政当局在大费家胡同 24 号成立了七区卫生事务所,在展家花园成立了八区卫生事务所,日本投降后分别改名第一、第二卫生事务所。中华人民共和国成立后,每个街道办事处都设立了卫生院,这些私人小医院都并入各街道的卫生院。

规模较大的公立医院有东门外水阁大街的北洋女医院,该院成立于清光绪二十八年,后又改名水阁医院。该院最先实行为孕妇西式接生,城里产妇多到该院去生育。中华人民共和国成立后,该院改名为天津市妇幼保健院。老城规划后,医院迁到北城街的新院址,恢复了水阁医院原名。

中华人民共和国成立后,在北马路闽粤会馆旧址设立了天津市第二中心医院。这是一家市级综合性医院,现改为中医药研究院附属医院,长征医院也迁入东边新楼。

老城里的西医院

店名	店址老城里以西医院	医生
罗拱宸医院	东门内二道牌坊	
卢氏医院	东马路	
明义医院	东马路福音堂旁	

续表

店名	店址老城里以西医院	医生
黑氏医院	北门西	
保善医院	北门西	
杜锦波医院	北门西	
香谷医院	南门西	
保年医院	南门西	李书元　李淮源　韩金镛
怀安医院	南马路	张世铭
德华医院	南马路	冯之秀
中西医院	西南角	归秀山

老城里的中药店

天津最早的中药店是乾隆四年开业的润喜堂，开设在东门里。但最令老城居民怀念的，却是老中医张鹤田开设的鹤竹堂。张鹤田先生清末曾任直隶省都医官，因医术高明被选入太医院成为御医。他为太后和皇上看好了病，慈禧赐他亲笔写的福字、寿字各一幅，光绪帝赐他黄马褂。1916 年，张鹤田在东门里大街北侧开设了鹤竹堂药店，并亲自坐堂悬壶济世。每逢瘟疫流行，该店都向穷苦人施舍药物，分文不取，对死亡贫民还施舍棺木。其孙张鹤孙继承了其医术。

老城里的中药店

店名	开业时间	店址	负责人
润善堂	清	东门	
瑞芝堂中记	清	东门里	华德林
橘荫堂林记	清	鼓楼西 11 号	
橘荫堂正记	清	鼓楼西 27 号	莫雨苏
上德堂	清	鼓楼北	
隆顺榕	清	东马路	

续表

店名	开业时间	店址	负责人
锦善堂	清	鼓楼北坐东向西	陆幼兰 黄慧生
清真德育堂	清	北门外	
永春堂	清	老城里王家胡同	张晓忱
裕生堂	清	北门外路西	张文琪 张家驹
榕厚堂	清	南门西	
同聚堂	清	北门	
义生堂	清	北门	
六计堂	清	东马路	韩树仁
瑞德堂	清	东门	张子瑞 张世平
瑞和堂	清	东门	李颂臣 金炳臣
同德堂	民国	东马路 268 号(苏国药庄)	苏少三
健德堂	民国	南马路	苏世珍
宏仁堂	民国	东马路官银号路东	乐佑申
乐仁堂	民国	北门外路东	乐佑申
乐仁堂	民国	东马路官银号路西	
厚德堂	民国	南门内大街	张耀铭
京都天元堂	民国	一支店:东南角路东	石紫宸
松茂堂	民国	总店:东北城角	李少洲
万年青药庄	民国	北门西路北	王文卿
大仁堂	民国	东马路	张循卿 张采诗
永生堂	民国	东马路	
长春堂	民国	南门外	张诚朴
延龄堂	民国	南门外	李星五
普太和国药店	民国	东马路	
鹤竹堂	民国	鼓楼东	张鹤田 王静斋
永寿堂	民国	西门里	
同生堂	民国	东马路	
王记仁德堂	民国	东马路三多街	张振峰

续表

店名	开业时间	店址	负责人
普安堂	民国	北门外	曹振庭
太仁堂	民国	北门西路南	
广安堂	民国	西门南大新巷	王殿元
宝生堂	民国	南门外	王福和
义德堂	民国	北门西二条胡同	王占恒
保太和国药庄	民国	北马路	黄默林
颐太和	民国	东马路	曹振庭 王俊臣
广太和	民国	东马路	倪德斋
晋太和	民国	东门里坐北朝南	曾敬敏
一和堂	民国	东马路东门外路西	李星三
福记保太和	民国	东马路	李星三
广东老义和堂	民国	东马路青年会旁	
广东太和堂	民国	东马路青年会迤北路西	
广东老怡和堂	民国	官银号南路西	
同顺昌药行	民国	北马路柳家胡同	
正祥药庄	民国	户部街	
天昌隆药行	民国	北马路	
普仁堂	民国	天津道署东箭道	常锡亮 雷玉林
玉盛堂源记	民国	东门里	胡友三
万福茂药行	民国	城内义仓街	张东鹤
福益隆药行	民国	鼓楼北元升胡同	高克安
成记药庄	民国	东门里弥勒庵胡同	
万隆堂药铺	民国	西北角	

此外,东门里还有乾元堂,西门里有泰和堂、万玉堂,北门里有锦善堂、同义堂、同济堂,东马路东门至东北角还有一禾堂、颐和堂、聚兴和、广和堂,东门至东南角有广和堂、真一堂,南门西有万生堂、仁一堂。

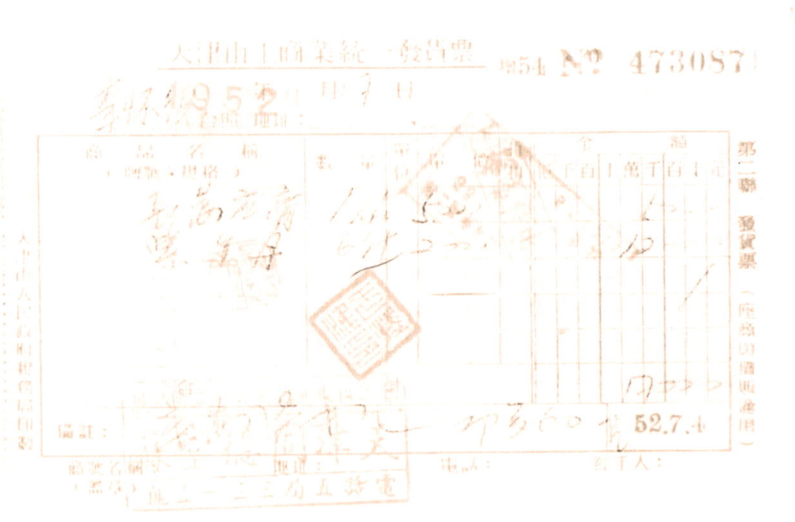

·1952 年东马路同德堂药铺开出的发票（图片提供:戴晓泉）

老城里的西药房

天津第一家西药房是清光绪三十一年开设的上池馆大药房，位于北马路官银号菜市场西侧的北马路 21 号，可以自己生产药品并出售，注册商标为“鼓楼牌”。

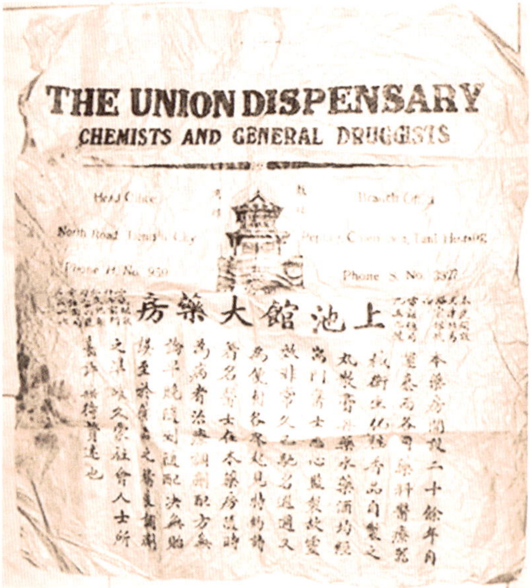

·民国时期上池馆大药房的包装纸（图片提供:张显明）

抗日战争时期，北马路的上池馆大药房、东门里的复兴药房、南马路的天利药房都和抗日根据地有联系，秘密输送药品，支援抗日，为此药店被查抄，负责人被逮捕，有的受尽折磨，有的惨遭杀害，后上池馆大药房的钟经理被追认为革命烈士。

东马路有中央大药房、共和大药房，能生产西药并出售，也卖进口西药和医疗器械。瀛西药房生产的“铁拐李牌”平热散、一粒丹更是畅销全国。药房在东马路上开了一扇葫芦形的黄大门，门旁彩塑一座铁拐李塑像，栩栩如生。普太和药房的名牌产品是“寿星牌”生乳灵，店门的雨厦上彩塑一位近两米高的老寿星。白敬宇药房专卖“白鲸鱼牌”眼药水，门前便道用黑白瓷砖拼了一条十米长的白鲸鱼。南马路、西马路、北马路也有些药房，但规模较小。

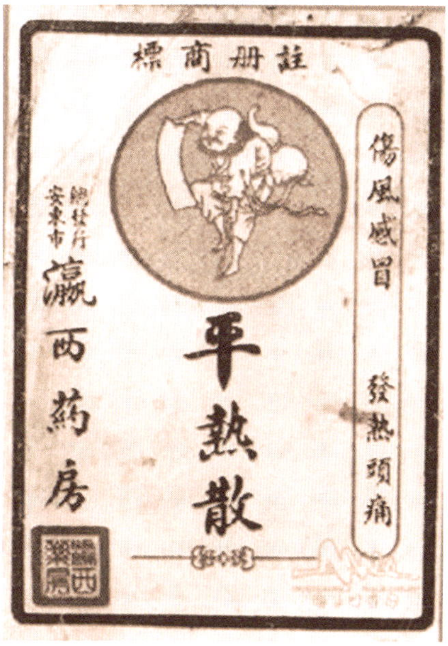

· 瀛西药房生产的“铁拐李牌”平热散（图片提供：张显明）

中华人民共和国成立后，实行公私合营，药店大都进行了调整，凡西药生产划归天津制药工业公司下属的中央制药厂、中央制药二厂等，而各西药房只销售而不再生产药品。

上水下水各有途

老城的防疫工作

过去老城里卫生条件较差，传染病多发。据《天津通志 · 卫生志》记载：咸丰十一年五月，京师大疫波及天津，秋，霍乱传入津门，病亡无数，街巷纸幡披拂比户相望；光绪四年，天津地区霍乱流行，病者十之五六，死者十之二三，多为壮年人；光绪二十七年，春瘟流行，夏天发生霍乱，天津疫情严重，棺丧不绝于道；宣统三年，鼠疫流行严重，发病者一百一十一人，全部死亡。

1900 年，八国联军攻占天津，成立都统衙门，下设卫生局，对环境卫生开始进行管理，并发布“洁净地方章程”五条。

选择数处地方堪以堆积各项秽物，每处均悬挂木牌，指明处所，各街民人每日应将秽物挑至该处倾倒。

民人不得将秽物倒弃院内暨路旁、河边等处。

如敢故违，定惟邻近居民是问，或系罚银，否则惩责。

每日民人须将门首地段洒扫清洁。

相近居民之处，不准开设晒粪厂。如欲设立，须在城外距民房四十丈以外地方。

光绪二十七年二月初七日

又因发现霍乱疫情，为防止传染，制定卫生防疫的章程：

凡饮水饮茶须用开水。

蔬菜水果等项必须煮熟方可食用。

身躯并手指切宜洁净不可肮脏，至于食用各物尤应清洁。

遇有此症无论何时须速报本段官员，以便派医诊视，以免染及家属邻里人等，倘隐不报，一经查出定即严究。

居民人等所有厕所并堆积秽物地方，均须倾撒白灰。所用灰烬可赴各段巡捕官处领取，不收分文。

光绪二十八年五月初四日

这是天津有卫生管理机构之始。

天津最早的防疫机构是咸丰五年由华义堂聘请翁子庵试种牛痘，后由王莲品在南门里二道街西口创建的保赤堂牛痘局，这里免费为儿童施种牛痘预防天花。

1902年，以袁世凯为代表的清政府接管天津，实行新政，设北洋卫生局管理卫生防疫等工作。以后历经变迁，到1978年划分为卫生和环境两局。

·2003年保赤堂牛痘局旧址（摄影：王鹏）

老城里的用水变化

老城里的居民过去生活有许多不方便之处，如用水难、上厕所难。

·水铺给百姓送水的情景

先说用水。明清时期老城里的井很少，有的在衙门、文庙，有的在大户人家的私宅。老城里的居民则普遍饮用河水，为此在东门外的海河和北门外的南运河各设一处水口，供取水用。水口为砖石砌的方形水池，引入河水，砌有台阶，无论涨潮落潮均可取水。每天早晨一开城门，老城里的人有挑着水桶的，有拉着水车的，纷纷到水口去取水，整天络绎不绝。经济条件较好的人家有挑水工给送水，条件差些的人家大都自己去挑水，缺乏劳动力的人家则由孩子或老弱者俩人合力抬水。河水有时带有泥沙比较浑浊，有条件的人家往往配备两口水缸，挑来的河水先倒入第一口水缸，放入少量白矾，搅拌使溶解，然后静置。待泥沙沉淀下去，用一根中空的细竹竿，上部有侧孔，用虹吸方法将清水吸入第二口水缸供食用。这种方法在当时很流行。杂货铺都卖白矾，也叫明矾，化学成分是硫酸铝钾，常被用做净水剂。

清咸丰年间的《津门保甲图》就绘有两处水口。

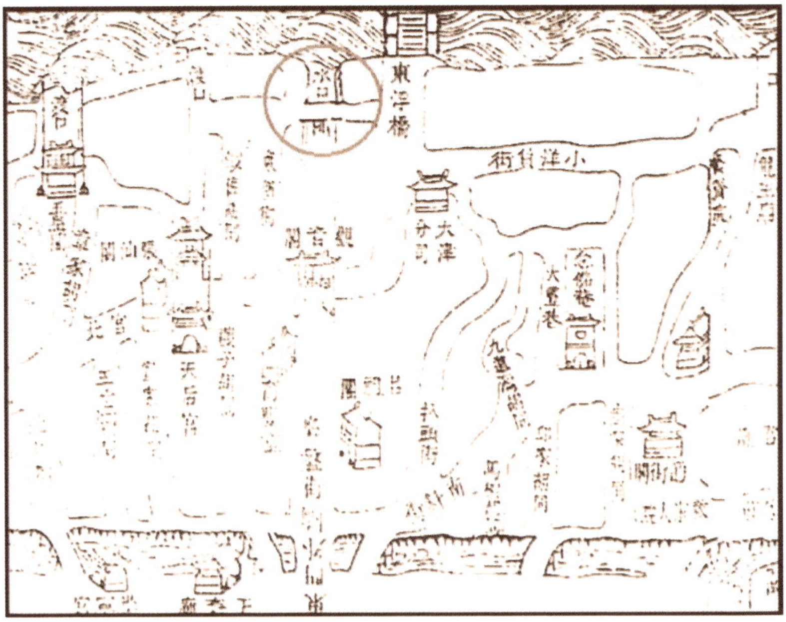

·东水口（摘自《津门保甲图说》）

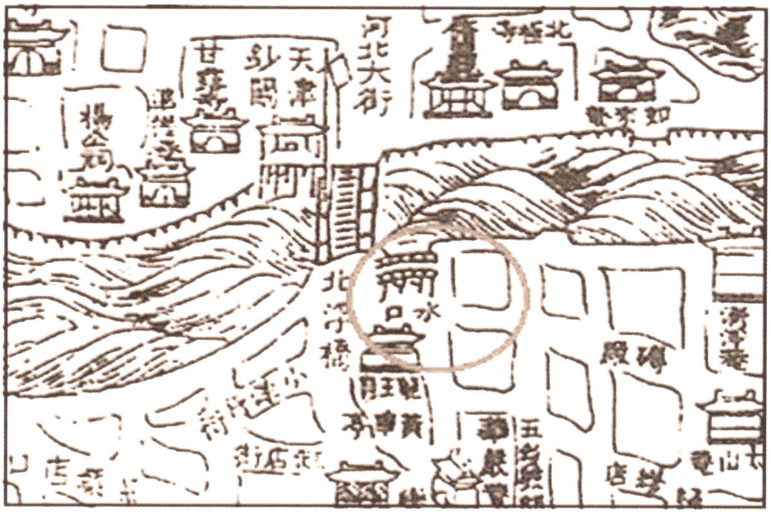

·北水口（摘自《津门保甲图说》）

到了1901年，天津成立了济安自来水公司，水厂设在南运河畔的芥园，1903年3月建成，并铺设了一部分管道。为了提高供水的压力，在老城里西北城角城隍庙附近建立一座水塔，塔高36.6米，容量454.5立方米，成为当时城里的最高建筑物。济安自来水公司总部设在北马路临近西北角的南侧，在那里还设立了售水处，凡需用自来水者均须到这里买水票。那时的自来水并没有入户，而是在城里设若干井口，将自来水管道铺到井口，有水龙头可以取水。人们凭水票到井口取水，井口有专人管理。冬季为了防冻，各井口盖了房子，后来发展成了水铺，不但卖自来水，还安上锅灶供应开水。随着自来水管道的增加

·西北角济安自来水公司水塔

和延长，一些商家、工厂、大户人家就办理了自来水入户，安装了水表，每月按使用吨数交费。而相当多的居民直到老城里全面动迁也没实现自来水入户，但也普遍用上了自来水，主要有两种方式：一种是一条胡同内有个公用自来水水龙头；一种是一个院落内有个公用自来水水龙头。计费方法是按人数均摊，人口多的多出，人口少的少出，公平合理，家家户户也都自觉地节约用水，形成了良好的节水风尚。1982 年，老城里大部分地区实行了一个门牌号引入一根水管、设一块水表的政策。引滦入津工程竣工通水后，城里的用水状况和用水质量都有了明显改观。但也有些地区因为胡同较窄，直到 2003 年全面动迁时仍然是一条胡同共用一两根水管。

老城的排水设施

明代，天津城内有城墙，外有护城河。护城河东南角连通海河，并设有闸，地名闸口街。城内四角各有一水坑，城墙四角各有一排水洞口，名“葫芦观”。城内西有北大水沟、南大水沟，东有头道沟、二道沟，均为排水渠道，平时排污，雨季排涝，形成一套排水系统。限于历史条件，采用地面明渠，行人通过时有简便的小桥，故又产生石桥胡同等地名。中华人民共和国成立后，逐步将排水系统改成地下管道。

老城的卫生问题

老城过去每家需要自备尿桶和恭桶，均为木制。恭桶是大解用的，有木盖，有棉垫圈，大解完便撒上炉灰覆盖，以防臭味外溢，也防沾污桶子。粪便是良好的农田肥料，天津四郊均有粪厂，划定区域各管各片，每天派人拉着粪车挨家挨户收集粪便。粪车大多是用驴、骡拉车，以摇铃为号，各家一听铃声就都把恭桶摆在门外，由他们倒进粪车。因为恭桶内都垫有草木灰、煤球灰，所以他们又被称为“磕灰”人。人们认为从事这个职业的人整天和粪便打交道，身上总是臭烘烘的，于是又叫他们“粪小”，这是带有贬义的。中华人民共和国成立后，老城里陆续增建了一些公共厕所，极大地便利了居民，人们走不太远就有公厕，不再使用恭桶，“磕灰”人也随之消失了。实际上，那时的公厕也很简陋，都是旱厕，没有水冲功能，而且早晨上厕所的人又多，各公厕前都得排队等候。这也是老城里每天早晨都会上演的一道特殊的风景。

· 老城里走街串巷的“磕灰”人

· 北马路至祥里的公共厕所

再有就是垃圾处理问题。过去每家有个木制的垃圾箱，天津人管它叫“土箱子”。每天也有专人来收集垃圾，用驴、骡拉着垃圾车，大多是下午来，天津管垃圾车叫“倒土的”。中华人民共和国成立后，各胡同都设立了垃圾桶，居民都把垃圾集中倒在一起，再由环卫工人用垃圾车拉到垃圾转运站。东门里现在的老城博物馆所在的位置就是原来南开区的环卫局，靠西侧就是一个垃圾转运站，每天有专门的汽车将垃圾运走。

行走老城

天津从建设卫城时便已做好了道路规划，以鼓楼为中心，城的东西南北四面各开一城门，自鼓楼通往四门各有一条大街，形成十字形的四条大街，另有一些小街为辅路。有了道路，还要有各种交通工具，夜晚需要路灯照明，近现代的天津城率先开通了环城的公共交通线路。天津本是水旱码头，近现代更是迅速发展成北方最大的工商业都市。为了与国内外沟通往来，天津又成为全国最早开展邮政通讯的城市。在交通运输方面，天津有着一种专业搬运组织——“脚行”。清代，天津城内还成立了民间公益性的救火组织——“水会”。这些城内外的道路与依托道路而生的行业，构成了一幅丰富多彩的津城行路图。

鼓楼通四方

城厢道路话发展

老城的街道布局

自明代天津建城之始，就规划了道路，城内以鼓楼为中心，城的东西南北四面各开一城门，自鼓楼通往四门各有一条大街。鼓楼下为“四通”结构，可通四方，成为东门至西门、南门至北门的十字形中心街道，使天津城被分为东北、东南、西南、西北四部分的田字形格局。除了这四条交通干线外，还有几条辅路，略窄于这四条大街，其余分支的小巷则以胡同命名为主，也有用里、巷、箭道等命名的。

天津城内主要街道有四条：

东门内大街，旧名东大街、鼓楼东街，长约 799 米，宽 6 米，旧时

·1932 年的天津老城里地图（图片提供：戴晓泉）

街上有文庙、津道衙门、问津行馆(电报总局)、基督教仓门口教堂等。文庙前有“德配天地”“道冠古今”过街牌坊两座。

西门内大街,旧名西大街、鼓楼西街,长约801米,宽7米,北侧旧有镇署衙门、分府衙门、中营等。

北门内大街,旧名北大街、鼓楼北街,长505米,宽7米,旧时街上多金店、银楼、首饰店,为城内最繁华的商业街。

南门内大街,旧名南大街、鼓楼南街,长503米,宽7米,街上东侧旧有长芦盐运使署衙门(简称运署),后改建为广东会馆,西侧有天津最早的书院“问津书院”。

除以上四条干线外,还有一些辅路。

东北方的有:

户部街,长336米,宽3.5米,因街内有户部分司衙门而得名。内有官署花园“浣俗亭”,户部街以东为乡祠东街,长124米,街上有浙江乡祠(浙江会馆)。再往东为双井街,长110米,虽然有三个街名,实际上是一条街分三段。

龙亭街,长234米,宽6米,因街内有万寿龙亭而得名。龙亭于1903年改为工业售品所,后墙贴近北城墙,拆除城墙建成北马路后,将后墙改建成工业售品所营业部大楼。

菜市街,长238米,宽5.7米,因街内有官银号菜市场而得名,是老城里最大的菜市。

仓廒街,长233米,宽5.1米,旧名义仓街,因街内有义仓而得名,街内有江苏会馆。

此外还有三义庙街、县阁前街、运署西街、三多街、常关街等,名虽为街,实与小巷无异。

东南方的有:

二道街,旧名运署后二道街,长800余米,宽3米,是与东门内大街平行的第二条街,故名二道街。街内有牛痘局等单位。

旧县署后街,长158米,宽4米,因清末街南为县署后墙而得名。

丁公祠小马路,长141米,宽4米,因清末天津道台丁寿昌的祠堂建于此而得名。这里有个慈善机构叫“寄生所”,向穷人供给粥饭,因为是李善人家办的,俗称李善人粥厂。

西北方的有:

府署街,长794米,宽4米,因清代天津知府的衙门在此而得名。东口在北门内,原建有仪门,故名大仪门口。

城隍庙街,长291米,宽4米,因北端有城隍庙而得名。过去为城隍庙会的会道,庙会期间摊贩云集,中华人民共和国成立初期曾为棉布市场。

中营前街,长129米,宽4米,此街北为清代守营的总营,习称中营,因此得名,内有天津著名的中营小学。

西南方的有:

大水沟街,长500米,宽5米,是与南门内大街平行的街,原为城内往城南护城河排水的沟渠,拆除城墙后填平水沟形成街道而得名。

小马路,长372米,宽5米,原为水坑,拆除城墙后垫平水坑形成的街道,因不如南马路宽阔,故名小马路。

西南方向还有涌延街、平祥街,名虽为街,实为小巷。有趣的是宫生路,这条路可以列入天津之“最”,因为此路长仅32米,宽仅2米,为天津最短、最狭的一条路。

老城里就是由四条主要大街和这些辅路连通了数百条小胡同,构成了老城里的交通网。

老城里拆除城墙后,在原城基上修建了环城马路,按方位分别取名东马路、西马路、南马路和北马路,从此打破了封闭的城墙壁垒,沟通了城里与城外的联系。东马路北连河北新区,南接租界地,形成了自北站到渤海大楼的交通大动脉和中心商业街。1939年天津水灾，市内最繁华的南市及劝业场一带成为一片泽国，店铺无法营业，唯有东马路因地势较高，得天独厚，没被水淹，各商家均能正常营业，一时东马路空前繁荣，成为天津的购物中心。

东马路与东北角的繁华至今仍在延续，天津老城里也曾是商家必争之地。2003 年，老城里整体拆迁后形成的道路格局，打破了十字街的形式，变成了阡陌纵横的状态，除环城的四条马路未更名，胡同、里巷、街道的名称几乎全部注销或是更名。原为底层四面可通行的鼓楼，在复建后四面都装了大门，失去了通行的功能。

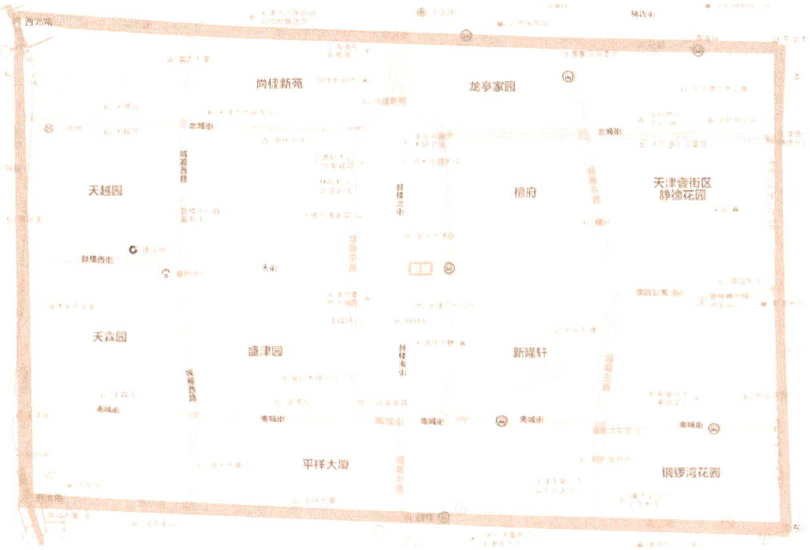

· 天津老城里整体改造后的道路分布（制图：戴晓泉）

在这些新建道路的原位置或邻近位置，基本上都曾有历史胡同或街道存在。现北城街，原自西至东为府署街、户部街、乡祠东街、仓廒街等；现南城街，在原西南角处无东西走向街道，但自南门内起至东马路有二道街贯通；现城厢西路，原自北向南为北项家胡同、南项家胡同、大水沟等；现城厢东路，原自北至南为白衣庵胡同、津道西箭道、东门内石桥胡同、丁公祠等。这些贯通东西南北的胡同是经过数百年历史逐渐形成的，是历史上证明了交通功能很强的街巷,重新规划的道路只是微调和加宽了路面。

老城里的对外交通

天津在建卫之前已是水旱码头,明代修建卫城后,四门之外均有公路四通八达。到了民国时期,已有许多汽车行在这些公路上运营,有长途货运,也有客运。现将各条公路的路况简述如下。

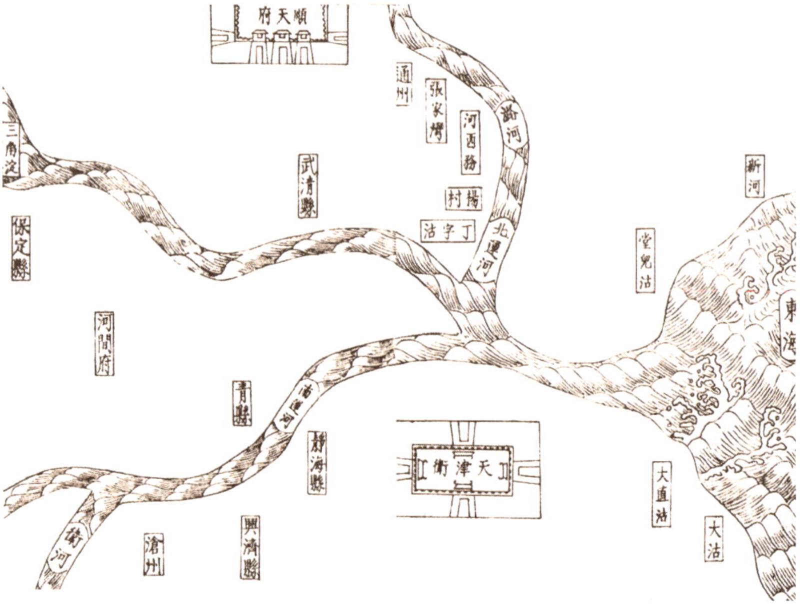

· 天津卫位置图（摘自《新校天津卫志》）

北门:为天津城的正门,明代前已有公路通往北京,燕王朱棣的靖难大军就是从这条路到的天津。清代康熙、乾隆多次巡幸天津也走的这条路,因为是帝王走过的路,故得名京津御道,俗称京师大道。此路经河北大街、西沽叠道、杨村、河西务、廊坊、通县到北京。

出北门沿南运河岸经杨柳青、静海、青县、沧州可达济南,这条路叫官马大道。

出北门过北营门有津霸公路,可达王庆坨、霸县、白沟镇等地。

西门:出西门可通保定。清代天津属直隶省,省会在保定,有总督衙门,而清末天津设有总督行署,总督往来津保之间两处办公,这条公路非常重要，称通衢大道，俗名津保公路。此路出西营门经马厂、任丘、高阳到保定。

南门：这条路叫津盐公路，出南门经海光寺、八里台、小站、齐家务，可达盐山。

东门：出东门沿海河西岸经马家口、咸水沽、葛沽到大沽口。这条路是将海河西岸河堤加宽叠高而成，故名海河叠道，俗称海大道，即现在的大沽路。

出东门过海河，东行有公路去塘沽、北塘、芦台、唐山、秦皇岛，可达山海关，此为山海关大道，即津榆公路的前身。

出东门过海河，东北行有公路可去宜兴埠、大毕庄、宝坻、蓟县，为津蓟公路。

20 世纪 30 年代，天津在公路上搞长途运输的汽车行有数十家，拥有汽车约两百辆。

天津作为南北交通的枢纽，东门以外为海河，北门以外为南运河，两河沿岸均为码头。《畿辅通志》说天津“地当九河要津，路通七省舟车”。天津在明代已成为全国最大的货物转运站。永乐四年，建北京城和皇宫，大量的木材、砖瓦从全国各地集中到天津，再转运北京。宫中历年所用瓷器、丝绸以及各种食品、日用品，也都是先抵达天津再送入京。这些交接工作自有城里的衙门办理，工作量大时还要拨派人手。正德十五年皇宫大修，就调动驻守天津的官兵六千多人参与了卸拽转运木材工作。

内河航运和老城里关系更为密切，明清时期天津沿海生产的长芦盐全储存在海河东岸的盐坨，在海河装船再运往外地销售。老城里住着很多盐商，他们承包了河北省、河南省诸多县的食盐销售，像海张五、李善人、益德王等，他们每家都垄断许多县的用盐。盐商销售官盐的执照叫盐引，销售地点叫引岸，河北省叫直岸，河南省叫豫岸。李善人家在豫岸，有许州、滑县、临颍三县，而李善人家运到河南的盐，落场地（卸盐码头）在河南道口镇。1887年，李士铭到河南道口办事，发现当地受灾严重，许多灾民卖儿卖女。他在卫辉买下很多十几岁的小姑娘，然后在道口成立幼女工厂，让她们自食其力。这个工厂后来发展到六七百人，大家都知道天津有个李善人到河南办善事。当然他也有私心，他从中挑选了一些乖巧伶俐的女孩子带回天津，分给各房当丫鬟。盐商就这样把一船船的盐换成大量的金钱，这些盐商成了天津早期的富豪。

1860年以后，天津开埠，成为对外通商口岸，远洋轮船可以驶入海河，铁路的北宁、津浦两大总局均设在天津，陆运有公路和铁路，水运有内河和海运，四通八达。富商大户虽住在老城里，却与外界有着千丝万缕的联系，并不闭塞。但老城里过去与外界的交往，只限于白天，一到夜间便城门紧闭，禁止出入，城里非常安静。

天津鼓楼上原有天津名士梅宝璐书写的一副对联：

高敞快登临，看七十二沽往来帆影。
繁华谁唤醒，听一百八杵早晚钟声。

这"一百八杵早晚钟声"描绘的就是开关城门的信号声。早晨敲五十四下开城门，晚上敲五十四下关城门。这五十四下钟声的敲法也是有讲究的，叫"紧十八，慢十八，不紧不慢又十八"，就是先快敲十八下；再慢敲十八下，最后不紧不慢用中速再敲十八下；早晚各一次，一天一共敲一百零八下。

到了甲午战争后，又增加了每天三次"定时炮"：早晨放一次，叫"亮炮"，表示天已黎明；正午放一炮，叫"午炮"；夜间子时再放一炮，民间百姓称为"子午炮"，是报时的。关城门时又放两声炮，叫"闭门炮"：晚8点放第一炮，关一扇城门，还能出入；晚9点再放一炮，两扇城门全关，行人断绝出入。最初是在城里放，因响声太大扰民，后来迁到西窑洼的河边修一土炮台，人称“午炮台”，也叫“钟炮台”。

再谈谈天津人的方位感。天津以老城里为中心，以北为上，以南为下。出了城往南走，就叫“往下边去”；往北走，叫“到上边去”。凡津南一带的人到天津来，都说“上卫”；津北一带的人到天津来，都说“下卫”。

老城里交通工具的发展

老城里在明代和清代早中期没有什么交通工具，文官坐轿，武官骑马。富户人家自备有轿、马和马车。普通人家只能步行，如要出城办事，路途较远可以在四个城门外雇驴或马车，女眷也可到轿铺租轿。到清末，西洋马车取代了轿子，车内可坐两人，车夫坐在车外，车厢两边有门，有玻璃窗，拉车用的都是大马，车身漆黑锃亮，很气派，直到20世纪40年代还有不少，1949年后逐渐消失。

· 鼓楼前的洋车和抬轿的轿夫

民国时期老城一带的马车行有以下几家：

奎聚马车行:在鼓楼东大街。

福利马车行:在鼓楼南大街。

振大马车行:在东马路。

蕴芝马车行:在南马路。

两全马车行:在南门外。

1860 年天津开埠后,有了外国租界地,洋人带来了自行车、摩托车、汽车这些新式的交通工具,老城里的人思想比较开放的也引进使用。钞关的丁伯钰就是天津第一个骑自行车的人。后来,自行车成了天津人最普通的交通工具,天津自行车之多也是全国闻名的。旧时也有出租自行车的,还有用自行车带人的,俗称"坐二等"。那种载人的自行车是特制的,能载重,能走土路,俗名"铁驴"。

人力车是日本人发明的,所以又叫东洋车,先引进到上海,盛宣怀从上海调到天津任海关道就从上海带来一辆人力车,木头车轮,外包一圈硬胶条,天津人称之为"胶皮"。盛宣怀外出不坐轿,而是坐在人力车上,由车夫拉着满街跑。丁伯钰看着新鲜,就请工匠仿造了两辆,一辆自用,一辆赠送给朋友,于是胶皮车在天津普及开来。后来有了充气轮胎,车子跑起来就更轻便了。到民国五年,天津已有人力车四万七千辆。

拉人力车的大体分两类:一类是拉专用车的,又叫"包月车",固定为某家服务,按月领报酬;另一类是拉散座的,就是在街头招揽乘客,按路程远近商讨价钱。人力车属于廉价的出租车,拉车的车夫多都是穷人,车子一般是从车行租来的。天津有许多人力车行,车夫要付一定的租金,早晨把车租出来,晚上再交回去。人力车夫每天在街上跑来跑去,不仅要经受风吹、日晒、雨淋,还要挨警察的打骂,却很难实现温饱。到了 1937 年,天津的日商三一公司将自行车和人力车结合在一起,研发出三轮车,天津成为我国最早有三轮车的城市。三轮车的兴起,逐渐取代了人力车,大大减轻了车夫的劳

·鼓楼前的马车和人力车

动强度。日本投降后，国民政府通令将人力车改为三轮车。三轮车也分拉散座和包月车两种。此外还有货运三轮车。这是一种平板车，后面没有座位，轮胎加重，瓦圈加厚，车条加粗，能装许多货，它取代了人力的小拉车，甚至代替了驴车。

人力车和三轮车都是大众化的交通工具，经济便捷，深受普通百姓欢迎。包月车也不过是中等收入人家使用，高官富豪等上层社会人士还是讲究坐汽车。在租界，有的人家有私家汽车，在老城里则极罕见，于是汽车行便应运而生了，出门打算坐汽车的可以到汽车行去租。民国时期，老城里及周边的汽车行有如下几家：

华通汽车行：在北门西。

振立汽车行：在大胡同。

金安汽车行：在南市平安大街。

久达汽车行：在河北大街。

按规矩天津的各种车辆都要上捐纳税。旧时天津车捐最特殊，因为天津有八国租界各自为政，车子去哪国租界就得上哪国的捐，要想全市通行就得上八道捐，车子后面钉满了捐牌。天津租界之多，不仅在全国独一无二，在全世界也是绝无仅有的。

老城的公共交通

清朝以前，天津老城里没有公交事业。1900 年，八国联军占领天津，下令拆除城墙。后填平护城河，修建东、西、南、北四条马路，自东南角往南与租界地的马路接轨，自东北角往北经大胡同与河北新区接轨，老城交通条件更加方便了。1904 年，成立的比商天津电车电灯公司获准在天津建电灯房（发电厂）和有轨电车。1906 年 6 月 2 日，围绕天津老城东、西、南、北四条马路的白牌电车建成通车。这是我国第一条有轨电车路线，也是天津最早的公共交通路线。北大关是有轨电车最大的始发站，红牌电车自北大关走北马路、东北角、金汤桥到东站，蓝牌电车自北大关经北马路、东马路、日租界、法租界去东站，黄牌电车自北大关经北马路、东马路、日租界、法租界去海关。整个老城被白牌电车包围，从城里的任何路口出去都能乘车，环城一周 5 000 米共有 20 个车站，平均 250 米一站。

天津第一条有轨电车线的沿途站名：1. 北门；2. 商会；3. 考工厂；4. 北海楼；5. 东北角；6. 崇仁宫；7. 东门；8. 马棚胡同；9. 东南角；10. 广益大街；11. 荣业大街；12. 县衙门；13. 南门；14. 南门西；15. 西南角；16. 西门；17. 西门北；18. 西北角；19. 福建会馆；20. 县公署。

电车刚通车时无人乘坐，于是采取免费试乘的办法，市民可以坐上电车绕城一周。当时的市民以乘车兜风为快，电车上人满为患。这时，电车开始低价售票。当人们渐渐认识到乘电车的便利、乘客日渐增多后，便逐步提升票价，一直涨到初始票价的四倍。

· 天津第一条有轨电路线乘车票

1939 年天津水灾，南马路及租界地均被水淹，电车各线被迫停驶，西南角电车公司的车库也成一片泽国。北马路地势高，没有水，电车公司只好把全部电车都开出车库，停在北马路上，将北马路上的双轨电车道当做临时停车场。而电车公司职工凡家被水淹者，都不得不暂时在电车上安了家，电车成了临时避难所，水灾时期也算物尽其用了。

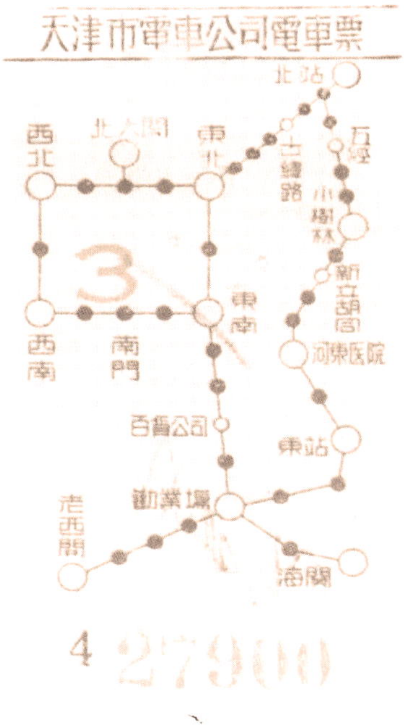

· 1949 年前后的有轨电车票（图片提供：戴晓泉）

天津最早的公共汽车始自 1925 年春，同兴汽车公司开通了从东站到大直沽的线路，半年就赚了不少钱，于是又增加股东扩大经营，更名同兴公共汽车公司，开辟了第二条线路。第二条线路从大红桥出发，经北营门，走河北大街、北大关到北门，走北门里到鼓楼、南门里，再到南门，经南门外大街，最后到海光寺。这条线路因人多路窄，汽车通行不便，不久便停运了。

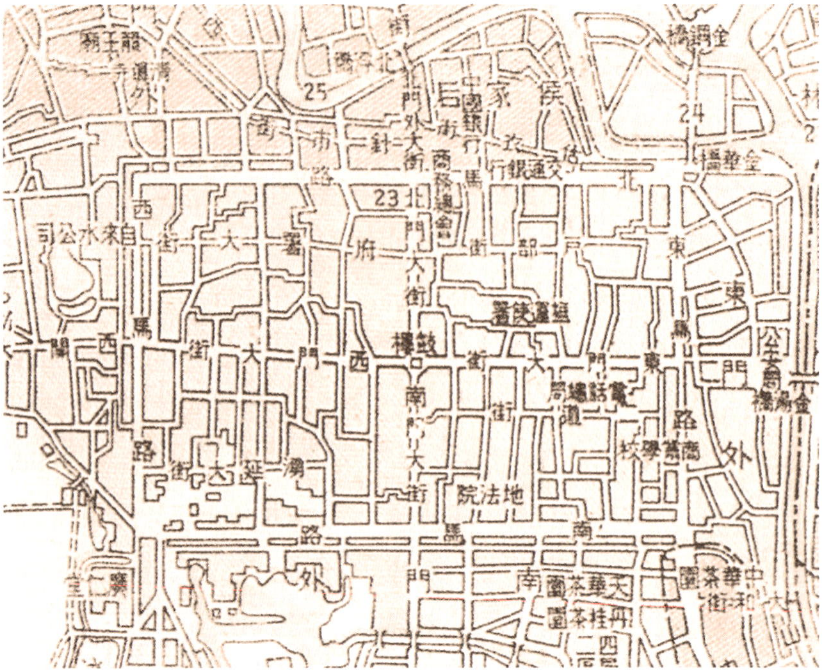

· 1935 年的天津老城厢地图

·“文革”时期的有轨电车票（图片提供：戴晓泉）

一直到中华人民共和国成立初期，天津全市仅有 20 条公交线路。后来，在党和政府的重视下，公共交通事业得到迅速发展，有多条线路经过老城。

20 世纪 50 年代，途经老城地段的公交线路只有 4 条：

2 路：西站至小刘庄，在西北角、西门、西南角、南门设站。

3 路：小西关至下瓦房，在西南角、南门设站。

4 路：小王庄至西南楼，在东北角、新华戏院设站。

5 路：丁字沽至东站，在北大关、北门

东、东北角设站。

20 世纪 60 年代，经老城环城马路的公交线路增加到 8 条：

1 路：北站至中心站，在东北角、东南角设站。

2 路：西站至中心公园，在西北角、西南角设站。

3 路：咸阳路至下瓦房，在西南角、南门设站。

4 路：小王庄至西南楼，在东北角、新华戏院设站。

5 路：丁字沽至东站，在北大关、北门东、东北角设站。

19 路：西关西至三宫，在西门、西南角设站。

24 路：西站至东站，在西北角、北门、东北角、东南角设站。

25 路：劝业场至李家园，在东南角、南门、西南角设站。

1972 年，白牌有轨电车停运。20 世纪 80 年代，途经老城地段的公交线路调整为 7 条：

1 路：北站至人民大楼，在东北角、东南角设站。

5 路：丁字沽至东站，在西北角、北门、东北角设站。

11 路：中心公园至赵庄子，在西南角、西北角设站。

12 路：北站至五马路，在东北角、北门、西北角、西南角设站。

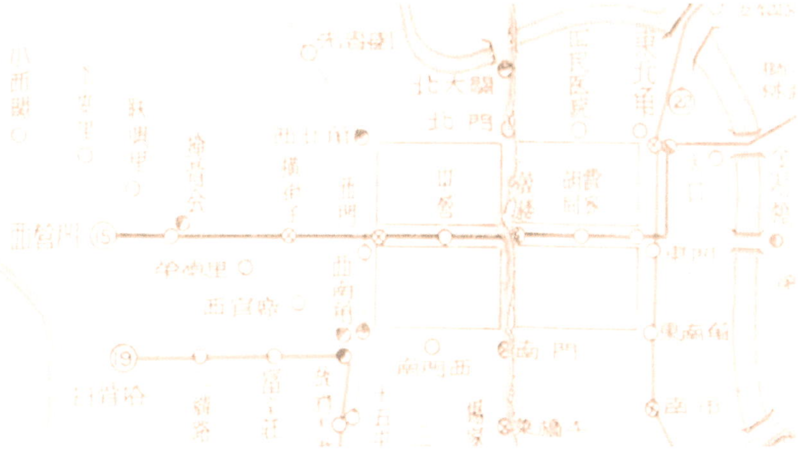

· 1956 年天津市公共汽车路线图，图中可见 15 路公交车穿城而过（图片提供：戴晓泉）

15 路：王串场至三马路，在东北角、东南角、南门、西南角设站。

24 路：西站至东站，在西北角、北门、东北角、东南角设站。

37 路：中心公园至本溪路，在东南角、南门、西南角、西北角设站。

其中 15 路在 1952 年拆除鼓楼后曾改道经东北角、东门、鼓楼、西门。这条线路进东门走东门里大街、西门里大街到西门，从城里穿城而过。但因城里街道狭窄，通行不便，发生过两次交通事故，不久后又恢复原线，不再走城里了。

自从 2003 年老城全面动迁后，街道重新规划布局，公交路线也重新做了调整，如今途经环城四条马路和城厢东路、城厢中路的公交车线路已达 50 条。

·天津老城周边开通地铁线路（图片提供：戴晓泉）

天津自 1970 年开始兴建地铁，中间因 1976 年地震而缓建，1982 年恢复施工，到 1984 年底地铁一号线正式通车。一号线自西站起，到新华路止，途经西马路，在西北角、西南角设站（一号线后来延长为从刘园至双林）。如今，天津地铁又开通了多条路线，交通更加便捷了。

百年照明故事多

·清朝末年老城里已经架设电线

及至清代早中期，家庭夜间照明大多还是点油灯或蜡烛。老城里的店铺夜间会上门板，停止营业。官员夜间外出，前面有写着官衔的气死风灯引路。百姓外出，路远者打灯笼，路近者打不打灯笼无严格规定。八国联军占领天津后，都统衙门贴出布告规定：城厢内外华人夜间行走，由农历十月二十一日起均需执持灯笼，如敢故违定即拿办。当时因没有路灯，规定凡夜间外出必须打灯笼。专有小商贩卖廉价的纸糊灯笼，由一尺多长的秫秸秆做柄，里面放支小蜡烛。那时，晚上到侯家后一带的大饭馆用餐后，饭馆会赠送一个纸灯笼，回到家，扔在地下一脚踩灭就不要了，因此得名"一脚踹"。老城里主要街道在清末安装过用油灯照明的路灯，据说最早是因为丁伯钰在北大关办公，冬季天短，他下班时天已黑了，不愿意走黑道，就把从他家到北大关这段路安上了路灯。当时还没有电，安的是油灯，外边有玻璃罩防风雨，晚上有专人负责点灯添油，夜深人静时分再熄灭。老城里深夜时分，有更夫按更次巡夜，一人敲梆子一人敲锣，打着灯笼，口中念叨着“小心火烛”。他们一方面打更报时，一方面起着防火防盗维护治安的作用。

天津最早用上电灯的是租界地。老城里自拆除城墙修成马路后，1906 年，有了白牌电车围城转，环城的四条马路都用上了电，也安上了路灯。同时，在城里最繁华的北门里大街也装上了路灯，这是老城里真正有路灯之始。实际上，比商电车电灯有限公司也趁机为自己做了很好的广告宣传，让商店、富户认识到电灯的优点，于是纷纷效仿。那时，谁家要安电灯，需要立电线杆子，把电线引到家中，再安电表、电闸、灯座、灯罩、灯泡。这些现在看来不值一提的小东西，当时却都要从国外引进，价格很昂贵，只有大商店、大宅门才安得起。到了民国时期，电灯才渐渐在普通百姓家中普及。而此时又兴起了霓虹灯，一到夜晚，东马路、北马路、北门里大街等商店门前便亮起了五颜六色的霓虹灯广告，把整条马路装扮得五光十色。

过去人力车、三轮车晚上也要点灯，有专用的车灯。民国时期有了干电池，人们外出不再用纸灯笼了，改用手电筒。自行车的车灯有干电池的，也有装磨电滚的。拉货的小拉车、大马车夜间则用桅灯。东马路上有好几家生产和制作桅灯的。桅灯原本是用在船上挂在桅杆上的，用煤油做燃料，通过调节灯捻的高低来控制灯的亮度。桅灯外面有严密的玻璃灯罩，可以避免风吹雨淋，所以很受欢迎。天津桅灯畅销全国。

还有一种汽灯，东门里的春祥汽灯厂曾经生产过，用的时候要先往里面打气，打足了气，油就会在气压的作用下往外喷，发白炽光，比桅灯

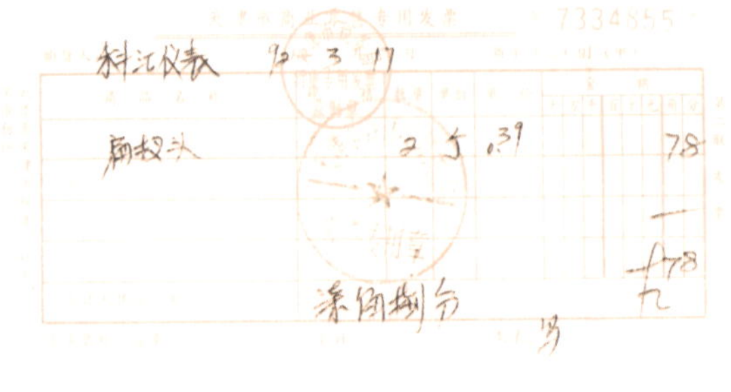

· 1992 年春祥汽灯厂的专用发票（图片提供：戴晓泉）

亮得多，当然价格也很昂贵，普通百姓家极少使用。

日伪统治后期，怕美国飞机来轰炸，到了夜晚实行“戒严”，街上不许有行人，路灯和商店的灯也要一律熄灭，住户家中的灯则用厚黑纸做罩，使灯光只能照到灯下一片，窗户要挂黑布窗帘。于是，入夜后，整个城市便陷入一片黑暗。

国民党统治时期物价飞涨，民不聊生，发电厂也不能正常供电，夜晚经常停电。许多商店、戏院为了正常营业和演出，停电时就点汽灯。为此，东马路的春祥汽灯厂的汽灯供不应求。这种灯点起来光亮如白昼，照射范围也大，但必须打足气。随着燃烧，气会消耗，当气不足时，光就逐渐暗淡，所以得有专人管理。这种灯为了照得面积大，大都挂在高处。当气不足灯变暗时，得用带钩的长杆子把灯摘下来，打足气再挂上。

中华人民共和国成立后，供电逐步正常，有的人家是自家有电表，每月按实际用电量交电费。此外城里还有许多大杂院，一个院有一个总表，各家装的是分表，收电费的只查总表。于是每月由一户轮值，用一个电费本详细记录每月每家用电数和交的电费数，并负责挨家收费统一上缴。这种交费办法一直延续到2003年全面动迁。

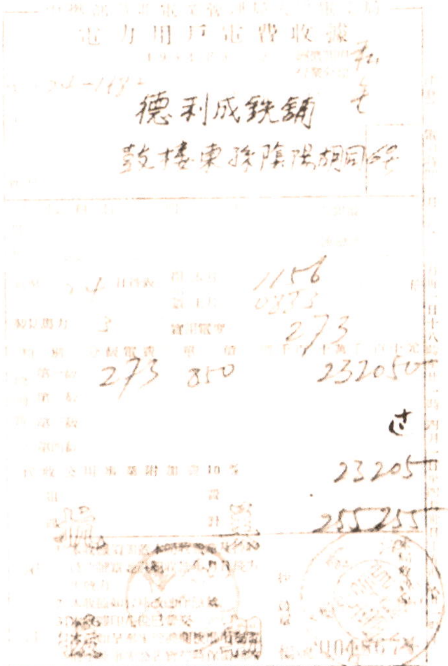
电力用户电费收据

德利成铁舖

·1954年鼓楼天津电业局电费收据（图片提供：戴晓泉）

电信邮政老城缘

邮政的相关单位包括邮政局、电话局、电报局（长途电信局）等，负责各类信息的传递。无论军事、政治、经济、还是日常生活，都离不开它们。

明代和清初，信息传递靠驿站。天津设有杨柳青驿、杨村驿、河西务驿，北大关旁还建有馆驿楼，紧急公文就靠快马传递。遇上“八百里加急”的急件，信使跑到下一驿站，换匹马接着跑。到了清末，清政府终于能够接受西方的先进通讯方法，率先在军事上使用电报。

清光绪三年，直隶总督李鸿章在天津建立一条从督署衙门到机

·光绪二十五年，《津门保甲全图》上标明电报局的位置在东门内路南（图片提供：戴晓泉）

器东局的电报线。光绪五年，建成天津到大沽炮台的电报线。光绪六年，在东门内的“问津行馆”成立了天津电报总局（故址在文庙对面），派盛宣怀任总办。这是中国的第一个电报局。该局第一个任务是修建津沪电报线，建成后天津和上海可以通电报，天津是总局，上海算分局。天津在法租界紫竹林也设有电报分局，沿途大沽、济宁、清江、镇江、苏州均设分局。光绪十年，清政府决定将东门里的天津电报总局迁往上海，改名“中国电报总局”，天津电报局改为官督商办，东门里为官局，紫竹林为商局。1908 年，电报收归国有，官商两局合并为天津电报总局，设于紫竹林。

光绪六年，又建北洋电报学堂于东门外扒头街，光绪十二年迁到紫竹林，光绪二十六年又迁到城里财神殿。这是中国第一所培养电报人才的学校，于光绪三十年停办。

1903 年，任电政大臣的盛宣怀又在天津筹建电话局，由电报局兼办。1905 年，东门里设电话局，1906 年迁往闸口街新局。1944 年，南门里重建电话五局，初装电话 2 400 部。电话五局的地址在大寺西胡同，如今那里依然保留了当年的建筑，仍作为电话局的经营场所，至今周边很多电话号码中自右数第五位依旧保留了“5”这个数字。

·南门里电话五局的老建筑如今仍为电话局的用房（摄影：戴晓泉）

天津是中国近代邮政的发源地，中国的第一枚邮票——大龙邮票就最先于 1878 年 7 月在天

·宫北邮政分局旧址（图片提供:戴晓泉）

津发行。1896年,清政府同意由天津海关创办的海关邮政改为官办的国家邮政,名为大清邮政。1897年,将天津海关拨驷达邮局改名为天津大清邮政局(简称大清邮政津局),并在宫北宣家胡同开设了天津城区第一个邮政分支机构——宫北分局,以后陆续发展成许多分局、支局。进入民国后,大清邮政改名为中华邮政,到1948年市内有16个支局,东马路、南马路、北马路都有支局。中华人民共和国成立后,中华邮政改称人民邮政,至1995年天津市内有34个支局,东马路、南马路、北马路三个支局依然存在。

·民国时期的东马路邮局（图片提供:戴晓泉）

·2009年东马路邮局重新开业（摄影:戴晓泉）

天津城内有邮局的历史要从1904年算起,但各个邮局的开设与迁移的历程随着社会时局的变化而颇为曲折。光绪二十三年七月,

· 1960 年 11 月 12 日东马路邮局的邮戳（图片提供：戴晓泉）

· 1964 年 9 月 22 日东马路邮局的邮戳（图片提供：戴晓泉）

· 1992 年 11 月 23 日东马路邮局的邮戳（图片提供：戴晓泉）

· 1996 年 11 月 1 日东马路邮局的邮戳（图片提供：戴晓泉）

· 1997 年 6 月 16 日东马路邮局的邮戳（图片提供：戴晓泉）

天津城区第一家邮局在天津城外的宫北宣家胡同开办，名为宫北邮政分局，后由于 1900 年庚子事变的战火烧毁了邮局房屋和全部档案资料，宫北邮局由此关闭。邮局被毁前，管局供事傅荣桂带着邮票暂避乡下，战火过后，于同年 9 月在针市街肉市口选址开设了针市街邮政分局，代替宫北分局，仍由傅荣桂任供事，负责管理邮局事务。因战后经济逐渐复苏，业务量增加，1901 年 6 月在宫南石头门槛大街开设了第二分局，1904 年 10 月迁往北马路北门西，并改编为北马路第一邮政分局。这是现代邮政进入天津城内的起点。同时，将针市街邮政分局改编为针市街第二邮政分局。1906 年 4 月，城区第一、第二分局合二为一，重组为城区第一分局。1919 年 9 月，北马路第一邮政分局迁址到东马路与三多街交口处，称东马路邮务支局。几经更名，及至 2003 年东马路拓宽搬至城厢中路，到 2009 年重新迁回，东马路邮局保留至今，只是位置稍向南移动了一些，目前是天津市最大最重要的邮局之一。

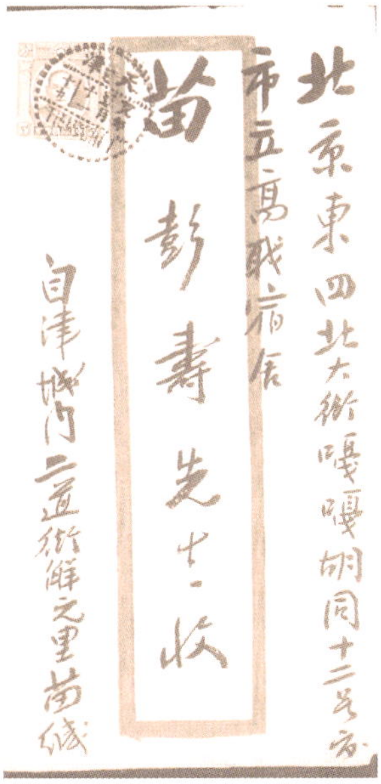

· 1939 年寄自城内二道街解元里的信件（图片提供：戴晓泉）

1906 年，在宫南东新街开办了第三邮

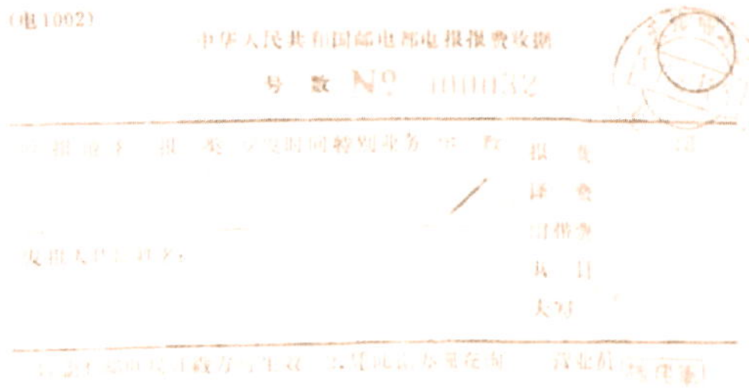

·1982 年南马路邮电局电报费收据上的邮戳（图片提供：戴晓泉）

政分局，1920 年迁往宫南大街，1923 年 11 月迁至西马路南头大街，

1928 年 5 月迁到南马路西侧路南，一直经营到 20 世纪 90 年代末。

·1992 年 4 月 10 日南马路邮局的邮戳（图片提供：戴晓泉）

·1997 年 9 月 16 日南马路邮局的邮戳（图片提供：戴晓泉）

·1993 年 3 月 6 日北马路邮局的邮戳（图片提供：戴晓泉）

·1993 年 10 月 7 日北马路邮局的邮戳（图片提供：戴晓泉）

·1996 年 9 月 19 日北马路邮局的邮戳（图片提供：戴晓泉）

·1965 年 1 月 7 日东南角邮局的邮戳（图片提供：戴晓泉）

1906 年 10 月，在城内鼓楼西开设了第七邮政分局，1927 年 12 月撤销。

1921 年 4 月，针市街邮局被大火烧毁，同年 6 月在北马路路北西头，即后来的北马路 184 号开设了北马路西头邮务支局，后一直为第二邮政分局，原址经营至 20 世纪 90 年代末，后重组为今天的芥园道邮局。

·1994 年时的北马路邮局（摄影：戴晓泉）

1956年1月，人民邮政将东马路路东南侧的第二十一营业处改设为东南角邮电支局，将城内鼓楼南第二十九营处改设为鼓楼支局。二者均于1962年8月撤销，并改东南角支局为121邮电所。2000年以后，撤销121邮电所，改鼓楼支局为145邮电所，直到修建鼓楼商业街时撤销。

1956年5月，在南马路266号开设南门邮电所，一直经营到2000年左右，修建城厢中路时曾迁至南门里与城厢中路交口，后撤销。

·鼓楼邮电所（摘自《旧城遗韵》）

除了有固定门脸的局、所外，为扩展邮政业务，自1899年12月，曾在一些店铺中设立代办机构，称为信柜，主要负责销售邮票，收寄信函、明信片、包裹等，到1911年增加到五十余处。由于中华邮政时期的邮票代售处的建立，城邑信柜逐年减少，至1936年全部撤销。这期间，老城里最早设立的信柜，是光绪二十五年在城内东北角李宪章私宅中设立的第四信柜。

在城邑信柜之内都设有信箱。自信柜开设后，信箱逐渐独自走上街头。几年后，开始在重要道路上安装信筒。1907年时，天津城厢内外先后安装了信筒五十具，而后经常增添新信筒。在安装之初，这些信筒分五路开取邮件，每天开取六次。1909年时增加到每天十二次。1923年时每天开启减为八次。1927年底减为五次。到1936年时，将重点地区的十二处信筒晚间特别加开一次，加开的十二处信筒中有六处在城厢一带，分别位于北大关、北门外、万寿宫、

·天津城内邮局(所)位置示意图(制图:戴晓泉)
①东马路邮局;②北马路邮局;③南马路邮局;④东南角邮电所;⑤鼓楼邮电所;⑥南门邮电所

北海楼、东马路邮局前、东门脸,其他的均位于旧租界地中。天津沦陷时期,每日开取邮件改为三次,抗战胜利后增至六次。据一位民国期间曾在邮局工作的王姓老邮工回忆说,当年干“信筒差”时,每天在规定的时间前必须到达指定的信筒旁等着,准时取信,错过了时间就要挨罚。1950 年后,信箱、信筒的数量逐年增加,取邮件的次数时有变化。1980 年,规划的邮筒(箱)之间平均距离为 500 米。很多天津市民记得在 20 世纪 80 年代以前,本埠的平信上午投入信筒下午便可寄达,寄往北京的平信也如此。随着通信工具的不断进步,如今写信不再是人们传递信息的必须工具,寄信的人逐渐减少。到 1995 年,尽管邮筒的数量减少得不多,东马路支局管理着二十个筒箱,北马路邮局管理着二十四个,但此时开取的次数大多改为每天两次,信函投递的时间也较以前有所延长。

抗日胜利后,天津邮政一度改组为河北邮政管理局。其间,于

1947年10月开始在市内开办汽车行动邮局，备有汽车两部，每天分南北两路，每路设服务站十二处，在老城里的服务站有东南城角、南门、鼓楼、西门等几处，每站停留半小时左右。后来由于邮政网点增多，汽车行动邮局逐渐撤销了。

中华人民共和国成立前，投递员大多靠步行，整天穿大街走小巷，挨门挨户送各种邮件。中华人民共和国成立后，邮局定做了一批飞鸽牌自行车，喷上绿色漆，后挡泥板贴上“中国邮政”字样，作为邮递员送信的交通工具。邮递员骑着崭新的自行车，显得格外精神。

· 2003年拆除前的东马路邮局（摄影：戴晓泉）

东马路邮局是老城里最大的邮局。过去，在邮局大厅一角放着一张书桌，桌前坐着一位文质彬彬身穿长衫的老先生，书桌上放个牌子，上写“代写书信”。过去很多人上不起学，文盲很多，他们不会写信，可是又有写信的需求，于是就向老先生讲述要写的内容，由老先生代笔完成，主家只要付很低的报酬就可以了。直到20世纪90年代初，还有一位老先生在东马路邮局门口摆摊代写书信。

在邮局附近还有一家小作坊，叫“箱子铺”，小院里尽是木板，老板是木匠，专做木箱。原来过去邮寄物品有许多是要求装木箱的，邮局不卖木箱，寄物者可以拿着要寄的物件到箱子铺。老板按物件的尺寸锯几块板，再拿钉子钉成木箱。需要箱子牢固的，钉时两边再加上铁页子，摔也摔不散，很实用也很便宜。

邮局门前还有个小摊，是刻图章的，写着“立等可取”。到邮局办业务要盖手章，如果没有带手章就近到这里刻一个可解燃眉之急。他们都是依赖邮局生存的，收费不多又很便民，也算是邮局不可或缺的配套行业。

脚行把头霸商家

天津如同是北京的门户，正如明史里讲天津地位的重要性时所说：“皇华使者之所衔命以出，贤士大夫之所报命而还者，亦必由于是。”故而天津别称“津门”。元朝已建成京津之间的公路，清朝称之为“京师大道”。走京师大道，从北京乘车马可到北营门，北营门建有接官厅。再由北营门经河北大街到南运河畔的北大关，这里设有驿馆，内有馆驿楼，来往官吏可在此食宿。如是紧急公文不能停留，则备有良马，换马而行。官吏下一步如打算走水路，驿吏负责安排船只在此乘船。官吏们如带有较多的行李物品，驿吏就召集脚夫给搬运。起初这些脚夫并非专职，而是临时找仵作、水会的人来应差。据《天津卫志》讲，“天津三卫地方即有仵作一行，恃有杠具，各分疆界把持”，他们的工作是丧礼抬埋，兼充轿夫、水夫。清初民间又有了水会，也兼搬运工作，这些就是天津脚行的前身。

· 脚行发竹签计数

到了清朝，这些“接官迎差”的工作更繁忙了，于是清初由官府成立了官脚行，由天津县的知县按四个城门划分地界，东门一带叫东口，西门一带叫西口，南门一带叫南口，北门一带叫北口。官脚行由官府指定专人应差，也为商民搬运货物，收取搬运费。这个政府设立的搬运组织，人们就称之为四口脚行。

由于天津沿河漕运、盐运繁忙，四口脚行难以兼顾，于是沿河各码头及商业繁忙地区逐渐成立了一些私人脚行。最早的私人脚行也是从水会转型的。第一个私人脚行就是成立于康熙年间的同善首局，原来就是个水会。这些私人脚行也各分疆界把持一方。当时县衙门规定，所有的私人脚行都归四口脚行领导，向四口脚行交纳津贴，再由四口脚行统一上缴。所以，四口脚行实质上成为向私人

· 脚行工人在码头卸货

脚行征税的机构。县衙门又采取投标的办法，出钱最高者中标，由县衙门发给谕帖，担任四口脚行总头。霍元甲在宣统年间就担任过四口脚行总头，那时天津已有脚行两百多家。

直到 1935 年，萧振瀛任天津市长，为减除苛捐杂税，裁撤了四口脚行，结束了四口脚行的统治，另成立天津运输职业公会，为运输和搬运业的行业组织。

在清代，城里的运输事业由四口脚行负责，并无私人脚行。自拆除城墙修建了环城四条马路后，交通便利，商业繁华，私人脚行开始介入，北门里有同德脚行、大宜门口脚行等。有的是脚行占据了进货渠道，不通过脚行货物到不了城里。拿官银号菜市来说，这是个零售性质的菜市场，必须从各批发市场进货，这就离不开当地脚行。到东浮桥蔬菜市场进菜必须由春和脚行给送各种蔬菜；到金钢桥旁的鱼市进鱼必须由大议脚行运送鱼虾；到肉市场进肉必须由双利合脚行送肉……这些脚行各霸一方，不允许商店自己去车取货。有时货已脱销，脚行又不及时给送，只好求脚行准许自己用车拉回以供急需，但脚行的过肩费、运费必须照数缴纳。脚行头子都是青红帮的恶势力,他们对内压迫剥削搬运工人,对外欺行霸市,正经商人是惹不起他们的。

1946 年,西马路棉布市场的恒祥布庄买来一批布匹,用车拉到店门口,布庄的店员就从车上扛起布匹往店里运。这时把持这一带的文记脚行头子穆祥友带人来了,他派手下的人上车坐在布匹上不让卸车,得让他们卸,要收取装卸费。店主提出:“我们自己有人,可以自己卸车。”穆祥长恶狠狠地说:“你要坏了我们的规矩,以后各布店都自己卸,我们吃谁去?你想砸我们的饭碗,那我就先砸了你的店!”布店老板惹不起他们,只好给他们一笔钱,叫“过街费”。实际上,他们白拿钱,车还是店员自己卸,这就叫“平地抠饼,白手拿鱼”。

新开的商店都要先给当地脚行头子送礼,并且每年端午节、中秋节、春节这三大节,脚行头子都派人挨家收“节礼”,类似于黑社会的“保护费”,不交就上门捣乱。东北角正兴德茶庄得罪了当地同议脚行的脚行头子刘德山。刘德山外号叫“黑手刘三”,当地无人敢惹。他堵住正兴德的大门,拔出匕首插在自己腿上,任鲜血横流,吓得谁也不敢进店买茶。经理只好向他赔礼道歉,又奉上三百块现大洋才算解决。中华人民共和国成立后,这个刘德山还在负隅顽抗,竟然带领打手大闹东马路邮局,硬要邮局把所有的邮件包裹全交给他装卸,如果邮局自己装卸,得给他一份“搭肩钱”。

1950 年 4 月,政府颁布了《关于废除各地搬运事业中封建把持制度暂行处理办法》,1951 年 3 月,将东北角的刘德山、东浮桥菜市的翟春和等一批罪大恶极的脚行头子执行枪决,又废除了脚行的封建把头剥削制度,组建运输合作社,彻底结束了延续二百多年的封建脚行制度。

城中消防靠水局

·清代水会救火场景

过去老城里有许多群众自发组织的群体，有慈善性的，有公益性的，也有带宗教色彩的。最为百姓乐道的是公益性的民间组织——水局，也叫水会。这是民间自发的救火组织，自清代康熙年间就有了，到清末已达鼎盛时期，随着正式消防队的成立和救火车、灭火器、消防栓等新式消防工具的使用，水会逐渐被淘汰。城里的水会按成立早晚排列，有以下十余处：

公善首局：成立于康熙五十八年，位于东门内晒米厂，是城里最早的一处。

备安水局：成立于乾隆二年，位于东北角官银号菜市内，三义庙北。

前泉水局：成立于嘉庆十三年，位于浙江乡祠前。

同安水局：成立于道光二年，位于北门里西侧府署街内。

保安水局：成立于道光二年，位于南门内路西，涌泉寺旁。

井泉水局：成立于道光二十四年，位于龙亭街东，展家花园西。

· 城内主要水会位置示意图（制图:戴晓泉）

①公善首局;②备安水局;③前泉水局;④同安水局;⑤保安水局;⑥井泉水局;⑦公善水局;⑧分府助水;⑨永善西局;⑩卫安水局;⑪郡安水局;⑫从善水局;⑬上善水局

公善水局:成立于道光二十八年,位于东门内仓门口西。

分府助水:成立于咸丰二年,位于鼓楼西欧家胡同对过。

永善西局:成立于咸丰七年,位于东南角季家大院。

卫安水局:成立于同治七年,位于西北角城隍庙前。

郡安水局:成立于光绪三十四年,位于西门内路南,郡安胡同内。

从善水局:成立于宣统三年,位于北门内大街。

上善水局:成立年代不详,位于鼓楼西板桥胡同火神庙旁。

成立水局是由当地士绅出资选址建房,购置救火设备。主要设备是水机子,还要有许多太平桶(就是水筲)、挠钩等。水局要设在较宽阔处,因为地势狭窄,庞大的水机子搬运困难,救火人员需要年轻力壮,都是义务志愿者,叫武善。从中选一位较有威信者作为负责人,叫会头。

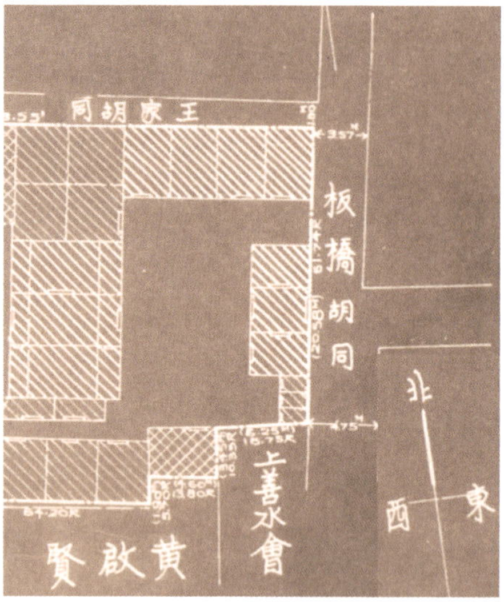

·上善水会位置详图（图片提供:戴晓泉）

在科学不发达的古代，人们对火灾有恐惧心理，认为火灾是火神发威，故水局中供着“火神爷”。发现火情，值勤人员会急敲击串锣、梆子、拨浪鼓等响器报警，武善立即赶到水局，会头要先给火神爷烧香磕头，再率领武善打出会旗，抬着水机子，挑着水桶，扛着挠钩，拿着板斧，赶奔火场。到了火场，先找水源。城里过去四角都有水坑可取水，后来坑都填平了，最近的取水处就是护城河了。先用水灌满水机子，再由四人或六人压动水机子，使水从水枪口射出灭火，拿挠钩、斧子的就去根据风向拆房“打火道”，以免火势蔓延。火势大时，需要几处水局联合作战。

救完火胜利归来也敲锣，但敲得慢，叫“缓锣”。救火是义务善举，不收费，但失火的主家要表示谢意，都是赠送糕点，每人半斤或一斤“小八件”。因打火道被拆毁房屋受损者，则由邻近住户免遭火灾的人家适当给予补偿。较大的火灾扑灭后，府县衙门也要对救火人员进行慰问和颁发奖金，以资鼓励。

至于水局的维护、添置救火器具等资金来源，还要靠当地富户赞助。每年水局有一次盛大庆典，就是农历六月二十三，这是火神爷的生日，各水局都要“摆会”。事先要给当地富户挨家送请帖，把全部救火用具油刷一新，全摆在水会内外，水局门前张灯结彩，大摆宴席招待被邀的绅商富户。如水局地势开阔，可由酒席处在水局设宴，地势小就到饭馆。来者当然不能白吃，要“开贺出份子”，就是出赞助费，一次摆会收到的赞助费可供水局的全年开支。

天津所有的水局有一个总会，叫阁津会所，从前就设在仓廒街。后来东门外水阁大街的江苏会馆和他们换房，原址改成江苏会馆，阁津会所就迁到水阁大街。各水局间发生矛盾，就由他们调解。每年阁津会所也定期召集全城水局的会头一起到宝宴楼聚餐，以便促进团结，增进友谊。

参加水局的武善，都是年轻力壮者。清末天津历次重大事件发生，凡用人时总要找水局协商出人出力。咸丰年间，太平军攻打天津，守卫天津的清兵不足，领兵大臣胜保就给皇帝上奏折说："天津卫立有水会，遇救火之时鸣锣立聚万人，若发给器械，可以齐力杀贼。"由盐商张锦文组织民勇局，命各水会把旗纛灯笼都插挂在城墙之上以壮声势，还把城里几个水会人员调到小稍直口支援大营。咸丰皇帝也批准专为天津水会拨出口粮，当时人们称之为"天津水会吃皇粮"。1860 年，英法联军攻打天津时，水局为保卫家乡也出了力。据《天津夷务纪实》中记载："拨调天津郡水会武善等赴军营听差，计四十二局，每局出武善十五人，共六百多人，旗纛颇多，刀枪不少。"1900 年，八国联军攻打天津时，《庚子天津一月记》中记载，"天津七十二家水会皆忠勇饬令团练"，在南门就有百余名武善与洋兵浴血奋战。

至于地方公益事业凡用人时，水局更是义不容辞，从平时的打更守夜，到婚丧嫁娶，都有水局参与。而皇会、庙会这些大型民间活动也都离不开水局。在清末，每年草厂庵放盒子灯的庆典也是由水会承办。

艺林百粹

经济的繁荣必然会带来文化娱乐方面的大发展。天津老城内市民业余文化生活丰富多彩，茶园、茶楼、戏院、影院遍布老城内外，也涌现了许多演艺界的名人，有演员，也有票友。出于对妈祖娘娘的崇拜，有了祭祀天后妈祖的皇会，这是天津民间组织的一大盛会。因此老城里也成立了许多民间娱乐组织，每逢皇会，都要使出各自的绝活，参加皇会表演。早年间，老城内外也有生活奢侈的纨绔子弟，这导致了城外青楼场所的发展。天津这种雅俗共融的文化生活成为当年天津城的一大特色。

艺人成名福地

戏园影院环城开

元升茶楼

又叫金声茶园。清道光年间诗人崔旭写的津门百咏中有一首写道:“戏园七处赛京城,纨绔逢场各有情。若问儿家住何处,家家门外有堂名。”既然声称“赛京城”,可见当时戏院规模不亚于北京的戏院。清代天津的戏院都叫茶园,最著名的有四大茶园,就是金声茶园、庆芳茶园、协盛茶园和袭胜轩茶园。其中金声茶园在北门里,临近鼓楼,园内楼下为散座,楼上是包厢。金声茶园所在的胡同就被命名为金声园胡同。这个茶园因股东频繁变更,园名也多次更换,曾叫过景春、景桂、中天仙等民国初年改名为元升茶园,胡同也随之改名元升茶园胡同。后来元升茶园停业,又改为福仙茶园,胡

·2006 年复建后的元升茶楼

同名没再改，一直沿用到2003年。

元升茶园戏台两旁有一对抱柱联：

元气转鸿钧，如闻盛世元音，俾孝子忠臣，各怀元善；
升高调凤馆，自有前途升步，合来今往去，永庆升平。

细看上下联，发现嵌入“元”“升”二字各三处。

金声、元升时期均以演出京剧为主，许多京剧名演员都曾在此演出。福仙茶园时期改演评剧，早期评戏名家花莲舫、李金顺、芙蓉花、白玉霜等都曾在该园演出。尤其是“评戏女皇”刘翠霞的山霞社，每天演出日夜两场，演员阵容强大，又以机关布景，用现代灯光美化舞台，令茶园门前车水马龙，盛况空前，成为天津评戏的发祥地之一。如今在故址又重建了元升茶园，有时还有文艺演出。

国民戏院

位于东马路41号，建于1935年春。该戏院的创办人杨锡庆是青帮头子、安清道义会会长吴鹏举的弟子。他在青帮排在通字辈，是较有身份的“袍带混混”（青帮讲究论资排辈，分大、通、悟、学，吴鹏举是大字辈，杨锡庆是通字辈，袁文会是悟字辈）。该戏院的特点是在前厅的楼上设了一个佛堂。这个佛堂也很特殊，中间供释迦牟尼，周围却挂了十张“水陆画”（就是办

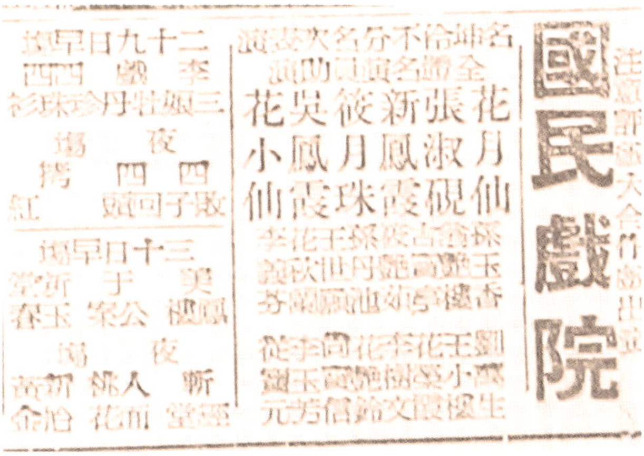

·1943年8月《庸报》刊登的国民戏院戏报（图片提供：戴晓泉）

·1950 年 3 月《天津日报》刊登的新华大戏院戏报（图片提供：戴晓泉）

丧事念经时挂的十殿阎君和十八层地狱图）。杨锡庆组织了一个“老人会”，自己担任会长，有五六十位六十岁以上的老城厢一带老人为会员，每月初一、十五在佛堂集会，坐在一起喝茶聊天，如同到了大茶馆似的。国民戏院最初演京剧，由童芷苓主演的童家班曾经常在此演出，后来天津艺光话剧团曾在此演了一段时期的话剧。1944 年，国民戏院曾改名国民影剧院，演京剧兼演电影。1947 年底，因原建筑屋顶损坏，对剧场进行了加固与改造，并修理了门面，整修后添置了专门的电影放映室。戏院内二楼设有包厢二十三间，东侧九间，南北两侧各七间。中华人民共和国成立后，改名新华大戏院，以演出京剧为主，也常有评剧团演出。1977 年，因建筑震损及改变文化场

·国民大戏院南北方向截面图（图片提供：戴晓泉）

所布局，新华大戏院停止演出，迁至红桥区津霸公路东口，成立红桥区影剧院（即红桥区文化宫），现在的位置在光荣道大同门市场对过，仍为娱乐场所。东马路的原址多次变更经营项目，2000 年左右被拆除。

华北戏院

位于北马路南侧 70 号，民国初年建成，最初叫天津北洋第一商场。1930 年，由商树珊、杨德贵、穆雨舟等人集资经营，改为华北戏院，1932 年 1 月 2 日正式开业，演出京剧。早期是长条凳子，二楼两廊为坐席，三楼为包厢，可容纳一千三百多人。1943 年，开始放映电影，改名华北电影院，后来又改演戏剧，名字恢复为华北戏院。1952 年，由市文化局接管，进行了三次改建。“文革”期间曾更名为井冈山剧场，到 1977 年时可容纳观众 1 174 人。20 世纪 80 年代末，又增设歌舞厅、录像厅、棋牌室和食品经营部。1994 年，因北马路拓宽，戏院大部分被拆除，后来停止营业。

·1994 年拆迁前的华北戏院

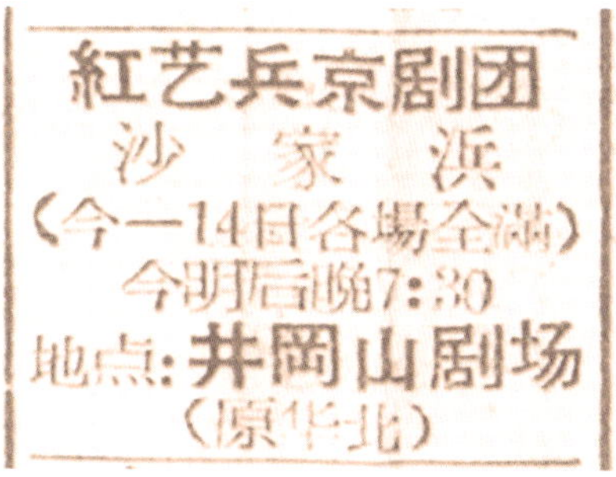

紅艺兵京剧团
沙家浜
（今—14日各場全满）
今明后晚7:30
地点:井岡山剧场
（原华北）

·1966 年 10 月《天津晚报》上刊登的华北戏院（当时名井冈山剧场）广告（图片提供:戴晓泉）

·华北戏院戏票（图片提供:戴晓泉）

天津影院

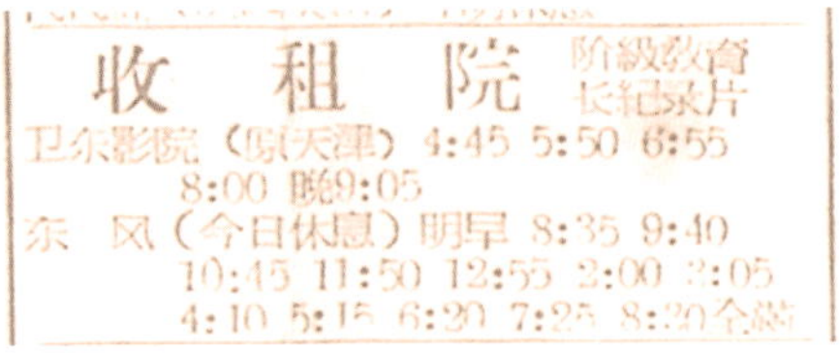
收 租 院 阶级教育 长纪录片
卫东影院 4:45 5:50 6:55 8:00 晚9:05
东 风（今日休息）明早 8:35 9:40 10:45 11:50 12:55 2:00 3:05 4:10 5:15 6:20 7:25 8:30全满

·1966 年 10 月（当时称卫东影院）《天津晚报》上刊登的天津影院广告（图片提供：戴晓泉）

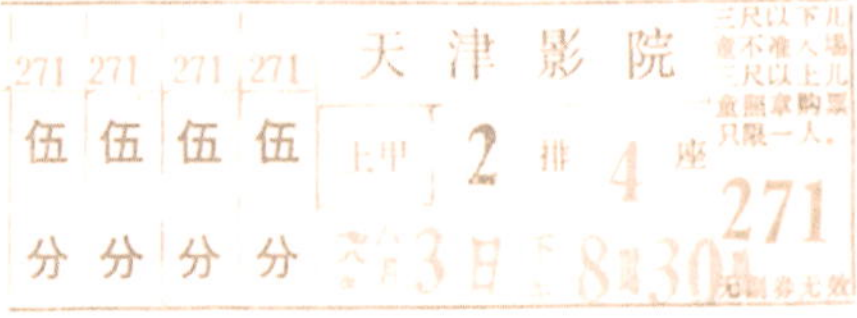

·1978 年天津影院的电影票（图片提供：戴晓泉）

·1994 年拆迁前的天津影院（图片提供：戴晓泉）

·1943 年 8 月《庸报》刊登的天津影院广告（图片提供：戴晓泉）

这幢三层小楼位于北马路大观楼西侧北马路 17 号，始建于 20 世纪 20 年代初。早期由高星桥等投资经营，名天津商场。后来高星桥投资劝业场，1931 年，商场由韩景林集股投资兑过后改为天津影院。1946 年，高星桥之子高渤海再次将电影院收回，派孙庆长任经理。1947 年，由孙庆长独资经营。1952 年影院收归国有，除“文革”期间曾用名卫东影院外，一直沿用天津影院的名字。1994 年，因北马路拓宽，部分拆除。影院正门的东侧有个发电机房，在当时电力供应不足而停电时，影院便开启那隆隆作响的机器自己发电，不至于中断放映。

大陆影院

位于西马路 14 号，临近西北角，可容纳观众

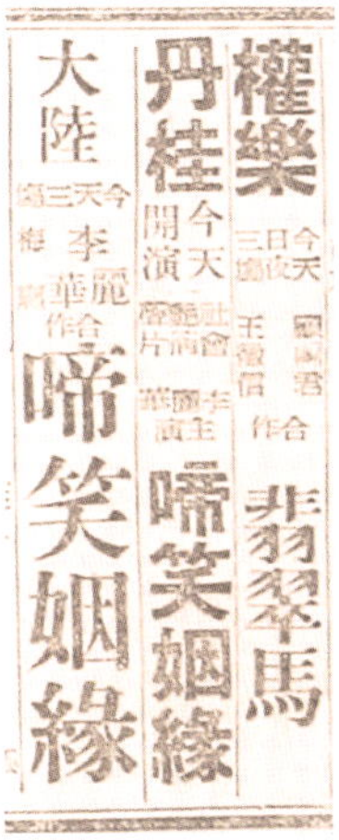

權樂
丹桂
大陸
今天
翡翠馬
今天開演
啼笑姻緣
李麗華
啼笑姻緣

·左图为 1943 年 8 月大陆影院在《庸报》刊登的广告（图片提供:戴晓泉）

·右图为 2015 年的天津市少年宫（摄影:戴晓泉）

700 余人,放映二、三轮国产影片。1939 年天津水灾,该影院因地势高没有水,曾被临时改为难民收容所,许多家庭因住处被水淹暂居此处,有救济组织供应一日三餐。1948 年,影院停业改为同成货栈,中华人民共和国成立后一度出租成为棉布商店,后来因棉布市场迁移而停业。

天津少年宫影院

位于东马路西侧的天津基督教青年会内,民国时期不对外营业。中华人民共和国成立后,称青年会电影院,开始对外营业,放映国产影片。后来青年会改为天津少年宫,电影院改为天津少年宫影院,面向小学生开放,学校常组织学生集体在此看电影。现在这里仍然是天津市少年宫,常年招生,因为马路拓宽没有了便道,正门常年封闭,改走南侧便门。电影院则早已不再开放。

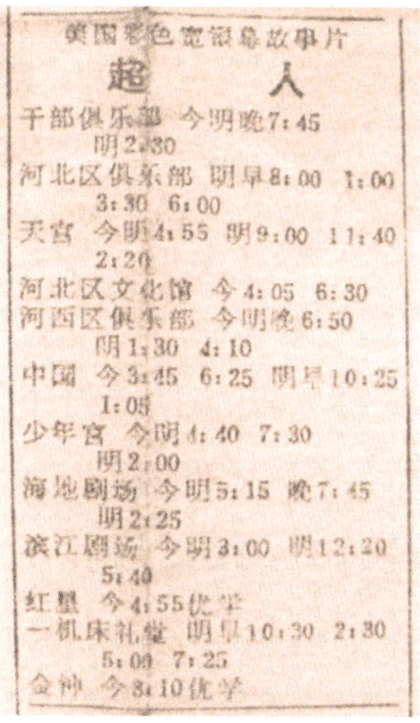

美国彩色宽银幕故事片

超　人

干部俱乐部　今明晚 7:45
明 2:30
河北区俱乐部　明早 8:00　1:00
3:30　6:00
天宫　今明 4:55　明 9:00　11:40
2:20
河北区文化馆　今 4:05　6:30
河西区俱乐部　今明晚 6:50
明 1:30　4:10
中国　今 3:45　6:25　明早 10:25
1:05
少年宫　今明 4:40　7:30
明 2:00
海地剧场　今明 5:15　晚 7:45
明 2:25
滨江剧场　今明 3:00　明 12:20
5:40
红星　今 4:55 优学
一机床礼堂　明早 10:30　2:30
5:00　7:25
金钟　今 8:10 优学

·1986 年 3 月《今晚报》中缝电影广告中可见“少年宫”（图片提供:戴晓泉）

城厢礼堂

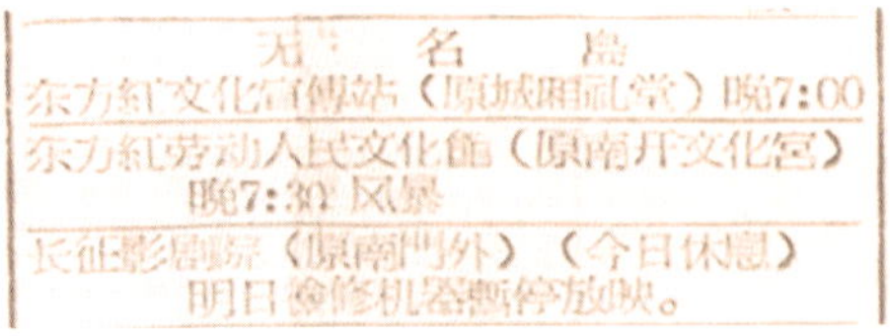

·1966 年 10 月《天津晚报》刊登的城厢礼堂(当时名为东方红文化宣传站)电影广告(图片提供:戴晓泉)

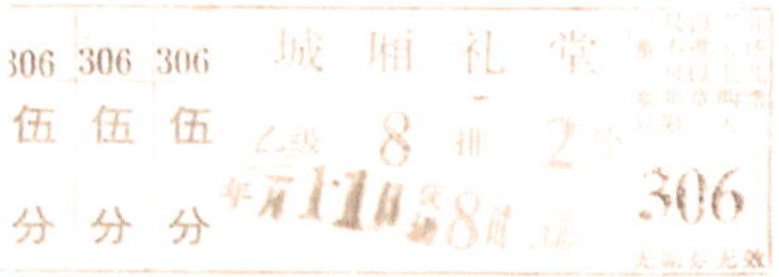

·1981 年 3 月城厢礼堂的电影票(图片提供:戴晓泉)

·府署街上的城厢礼堂(摄影:戴晓泉)

在北门里府署街。清代为天津府署衙门。民国初期为天津县公署、天津县政府。中华人民共和国成立后北部为 31 中学,南部归城建局使用。其中的城建礼堂 1957 年 11 月改名为城厢文化馆礼堂,又称城厢礼堂,1958 年属和平区管辖,1960 年划归南开文化宫管辖,1973 年由南开区工人俱乐部接管。剧场面积 900 平方米,主要演出电影,也作为南开区各文艺团体汇演的场地。2003 年,老城里全面动迁后拆除。

广东会馆

广东会馆位于南门内大街东侧。会馆内建筑精良,尤其是戏楼堪称精美，面向观众的两侧没有柱子，是中国传统舞台向现代舞台的过渡，这种样式在全国罕有。清代旅津粤人唐绍仪等四十四人倡议为来津同乡和津门粤商设置会馆，筹足捐款购得盐运使署基地二十三亩，光绪二十九年动工，光绪三十三年落成，占地 5 299.8 平方米，建筑面积 3 400 平方米。1912 年，孙中山先生赴京途经天津，曾在此演讲。1919 年，“五四”运动时期，邓颖超曾在此为难民义演。1925 年，天津总工会在此成立。1937 年至 1948 年，曾先后为警察教练所、训练所和新兵训练所。1949 年后改建学校，先后称天津私立普育女子中学、红军中学、天津市第九中学，最后称中山中学，2003 年迁出。1985 年，市政府对会馆进行整修。1986 年天津戏曲博物馆设于馆内，戏楼至今保存完好，还经常有剧团在此演出。

· 广东会馆（摄影：戴晓泉）

大观茶园

坐落在北马路东北角官银号菜市场北口，北马路 9 号，西临天津影院，始建于光绪二十四年。刚落成时为两层楼式砖木结构，楼下池座和楼上两侧包厢为头等座，后排及楼下左右包厢为二等座，总计可容纳近七百位观众。主要股东为宋则久。初为茶园，后翻新改造，增设转台，并于宣统元年成立了以文明戏园为标榜的天津大观新舞台有限公司，将大观茶园更名为大观新舞台，简称大新舞台，成为新剧的演出场所。后又更名天晴茶楼，再后来改名大观楼，演出京剧、河北梆子。民国时期以演出曲艺为主，许多曲艺名家曾在此表演过。后期楼下是商店，从西边挨着天津影院的楼梯上楼才是剧

·官银号菜市场口的大观楼旧址（图片提供：戴晓泉）

场，中华人民共和国成立不久停业。清末及民国时期，曾在此演出的名角有灵芝草（崔德荣）、小孟七、金月梅、杨翠喜、王钟声等，曲目有《缘外缘》《林文忠禁烟强国》《朝金顶》《孽海花》等。该建筑于1994年修建内环线时被拆掉大部分，2003年时被全部拆除。

宝和轩茶楼

宝和轩于光绪十年开业，位于北门西北马路262号，是三间砖木结构的小楼，能容纳观众约150人。经理张福兴以其子张宝和的名字为茶楼命名。初为茶馆，过去许多家庭办红白事招待亲友吃饭不去饭馆，而是在家搭席棚请酒席处给操办。酒席处的人和厨师每天都到宝和轩来喝茶，酒席处要用厨师就到这里来找，这里成为全市勤行洽谈生意的场所。后来因老板张福兴喜好曲艺，就请曲艺演员在晚间到这里演出，有耿东来的评书，阎德山、陈清山的相声，宋五、胡十、霍明亮的木板大鼓（京韵大鼓前身）等。

20世纪20年代以后，桑振奎任经理，茶楼改成上午卖茶，下午说评书或西城板，晚间曲艺表演，女鼓王林红玉、章翠凤经常在此演出，号称“一红一翠”，石慧儒、马三立等也来加盟。此时，茶楼经营进入鼎盛时期，与侯家后的三德轩、河北关上的福来轩并称“天津三大轩”，属于高雅型茶楼的代表，还曾与燕乐、庆云并称华界“三大杂耍场”。1949年后，多演评书，“文革”时期停止演出。

北海茶社

在北马路南侧的北海楼商场三楼,后更名为东升茶社。相声名家“万人迷”1907年曾在此举办赈灾义演,“坠子皇后”乔清秀也经常在此演出。

北洋茶社

在北马路南侧的北洋第一商场内,后因商场改成华北戏院而消失。

景乐茶园

在西门北,上午卖茶座,下午、晚上表演评书。

海锐茶社

在北门里大街,上午卖茶座,下午、晚上演出评书或曲艺。

香港茶楼

在南马路。

庆和茶园

在西马路,建于民国初期,演过戏,后来改为说书场。

老城里面名角众

王君直(1867—1930年),名益保,天津人,曾居住在府署街,京剧票友,为大盐商宸章店王莲品之子。长于书法,得严修推荐,于光绪二十年在京做官,任学部主事授朝议大夫。与京剧大师谭鑫培为至交好友,深得谭派之三昧,唱功做功均臻上乘。偶粉墨登场参加义演,轰动京师,被誉为“盖九城”。金秀山、陈德霖、梅兰芳等均曾

·王君直

·府署街（图片提供:戴晓泉）

为之配戏，余叔岩更尊其为师，向他求艺。民国初年回津，参加雅韵国风票房，每逢义演仍参加演出。天津京昆票界以王君直声誉最高，被尊为天津票界之王。1927 年担任芦纲公所纲总，成为盐商的首脑人物。1928 年被国民党政府软禁于南京。1930 年 1 月因肝癌在南京病逝，灵柩用火车专列运回天津，在津举办了隆重的追悼会。

常杰淼（1875—1929 年），男，天津著名评书艺人。1903 年曾在北京说书，后经许杰泉介绍，到天津拜师王致玖，不久移居天津。他自编自演《雍正剑侠图》风行一时，与许杰泉、张杰鑫一起被誉为天津的“评书三杰”。后由其口授，他的弟子蒋轸庭整理记录成文，连载于《新天津晚报》，又由新天津报社汇集成书出版，畅销全国。他的评书特点是语言简洁明快，动作刚健有力，深受听众的欢迎。1928 年电台出现后，他成为第一批上电台播音的老艺人。1929 年于天津南马路葫芦罐胡同家中去世。1992 年，北京师范大学出版社整理全套馆藏的民国年间常杰淼、蒋轸庭记录本《雍正剑侠

·1929 年 9 月 29 日《新天津》报头

图》，一共十三册，定名《雍正剑侠十三部》，重新出版。

李吉瑞（1879—1938 年），原籍河北省霸县，后来定居天津，是著名京剧武生演员。他早年入北京吉利科班学戏，后向黄月山拜师学艺，以黄派武生闻名于世。李吉瑞不但武功功底深厚，而且唱念做打无一不精，又有一副好嗓子，慷慨高歌令听者为之动容，擅演《独木关》《落马湖》等戏。他为人仗义，对贫苦同行有求必应，被推举为正乐育化会会长（天津梨园公会前身），积极为戏曲界同仁谋取福利，筹集资金修缮梨园义地，使贫苦同行死有葬所，不致弃尸荒野。每逢年节他都设法筹措一笔钱，给穷困同行发过节钱、过年钱，很受大家拥护。他家住东马路青年会旁的胡同奎星里 11 号，是一座中式二层小楼，有房三十多间。1920 年，他辞去会长职务，专职在家奉母教子，凡请他演戏都要得到他母亲允许才行。1935 年，琴师郭钟麟走访李吉瑞，请他恢复正乐育

·《恶虎村》中李吉瑞饰黄天霸

·奎星里的李吉瑞故居（摄影：戴晓泉）

化会，他因有实际困难婉拒，于是大家推选郭钟麟为会长。因无处办公，李吉瑞就将自己在老城里贡院后的一所楼房借给正乐育化会使用。

·杨翠喜

杨翠喜（1888—?），老城里东白家胡同杨茂尊买来的养女，不知原来姓名，由养父起名杨翠喜，并送到天仙茶园学唱河北梆子，后被转卖给天仙茶园陈国璧。1906 年，18 岁的杨翠喜已经成名，大观楼、福仙、景春、会芳等茶园都不惜花重金邀聘她做主演。这一年，御前大臣、农工商部尚书载振来津，天津巡警总办段芝贵特意安排载振去看杨翠喜的戏。载振为杨翠喜的色艺所倾倒，赞不绝口。盐商王益孙遂出面与杨翠喜的领主陈国璧商议，欲赎买杨翠喜，由段芝贵把杨翠喜秘密送到北京，献给载振，以此谋求升官。此事还引起一场震惊全国的政治风波，后西太后派人查办，载振只好将杨翠喜退回给王益孙。自此以后，杨翠喜成为王益孙的小妾，住进户部街王宅。王益孙在住宅前院为杨翠喜另建房三间，盖有私

·东白家胡同（摄影：王鹏）

家戏楼。为防人口舌,他不准翠喜出宅子一步,但准其在戏楼里唱戏过瘾。杨翠喜每日如同坐监,心情郁闷,这位第一代河北梆子女演员不足30岁便早早地离开了人世。

李佩卿(1897—1935年),字玉森,少年时曾在北京的京剧科班学习,因体弱多病加上嗓子倒仓无法演出,只好脱离科班。后父亲去世,成为孤儿,来津投奔天津名票刘子朴,随刘子朴到雅韵国风票房。此后,李佩卿就住在票房内,为票友教唱京剧兼管票房一切事务,也为别人操琴伴奏。他并无工资收入,全靠票友资助维持生活。他暗下苦功,琴艺突飞猛进,后成为一位出色的琴师。1918年,余叔岩来津在鼓楼北元升茶园演出,他的琴师技艺平平,余叔岩为此很苦恼。值此王君直向其推荐李佩卿,余叔岩试用后十分满意,从此二人合作十年形影不离,如红花绿叶相得益彰。李佩卿亦被内行誉为不可多得的操琴奇才。1932年,李佩卿病逝,享年35岁。

·李佩卿

雅韵国风社可以说是天津京剧的发祥地,名票有号称“票界三王”的王君直、王颂臣、王庾生以及窦砚峰、刘叔度等,可谓人才济济。

马轸华(1906—1954年),天津人,世居天津北仓,少年丧父,自此流落于市区。他业余喜唱太平歌词,后被张寿臣代拉为师弟,算是焦德海弟子,按相声门排名马寿岩。1940年,蒋轸庭代拉马为师弟,算是常杰淼弟子,入评书门,名为马轸华。20世纪30年代,他曾应邀每天在电台演唱太平歌词。后来,他在三角地书场正式演出评书，整理演出《李金鳌》（又名《沽上英雄谱》），俗称《混混论》。1953 年，他改说传统评书《水浒》，在张枢润等人协助下，借鉴戏曲表演动作，在演述传统书目方面取得了相当高的艺术成就。他口齿清晰，声音甜润悦耳，时而在评书中穿插使用相声包袱，以活跃书场气氛。他还善于借鉴京剧的程式与各种身段，塑造各式各样的人物。20 世纪 40 年代，他收徒牛枢通、王枢祥、于枢海等，中华人民共和国成立后收徒童枢源等。1954 年，马轸华病逝于天津城内鼓楼西寓所。《沽上英雄谱》一书由于枢海传承下来，至今由其后人演说不衰。

·马轸华

杨景奎（1908—1957 年），文艺工作者，住李麸房胡同 31 号。他年轻时酷爱京剧麒派艺术，得到周信芳先生指导，曾在常宝堃的兄弟剧团任过导演。1951 年他参加南下工作队，赴广东参加土地改革，返津后调到市文化局河北梆子剧团筹备处工作。1952 年任天津复兴河北梆子剧团团长，同时担任编剧和导演。当时的剧团属于民营体制，自负盈亏。

·鼓楼西（摄影：戴晓泉）

· 2003 年拆迁时的李麸房胡同（摄影：戴晓泉）

· 杨景奎（摘自《南开春秋》）

在他的领导下，经全体演员共同努力，他们剧团演员的收入高于当时的国营剧团。1957 年，杨景奎在南市大舞台会议室参加会议时突发脑出血昏倒在地，后抢救无效与世长辞，享年 49 岁。

梁蕊兰（1910—1987 年），原名梁瑞君，祖籍河北省容城县，曾居住在天津西南角的怀友里。早在 20 世纪 20 年代，她的演唱就享有"嗓音似金钟，歌声赛银铃"的美誉，深受广大戏曲爱好者的喜爱。父亲郭同路，出身于有名的小吉科科班，在梁蕊兰出生不久就积劳成疾，病死在戏班。母亲翠灵芝，是河北梆子花旦演员。梁蕊兰自幼随母亲学唱，后聘请河北梆子男旦角金香翠和板胡琴师王光明教学青衣。她的演唱高音亮而不躁，板眼准而不死，行腔顺而不平，形成了自己独特的演唱风格。人们每提及《春秋配》，尤其是《捡柴》一折，总能自然地

· 左一为梁蕊兰

想到梁蕊兰。在扮演姜秋莲中，她出场后头一句“出门来羞答答将头低下”，其中“出门来”三个字因用哎咳作衬字拖腔，初创时长达十三板，故名“十三咳”。梁蕊兰不仅表演青衣、闺门旦戏有很深的造诣，她的老生唱功戏也颇见功夫。1956 年梁蕊兰任天津戏校河北梆子科长，转年被划为“右派”，1958 年被罢免了河东区人大代表和梆子班专业科长的职务，而后一直从事戏曲教育工作，默默地息影舞台后，甘作下一代的奠基石。

·金宝环《喜荣归》剧照

金宝环，原名季彩霞，天津宝坻人，生于 1924 年。她 6 岁时，随父亲季金亭到天津老城里石桥胡同居住，在戏班学娃娃生，9 岁登台演娃娃生，先后拜师王双琪、金灵仙、九阵风（李志亭）等学梆子和皮黄，后学青衣、花旦、刀马旦，演出于天津、冀东一带，中华人民共和国成立前已享盛名。1946 年，她参加银达子、金钢钻的班社。中华人民共和国成立后，她与银达子、韩俊卿等长期合作演出。1966 年起，从事教学工作。她功底深厚，戏路宽广，融青衣、花旦、刀马旦于

·石桥胡同，距胡同口不远处即是金宝环的旧居（摄影：戴晓泉）

一炉，表演细腻真切，唱腔绮丽婉转，别具一格，对河北梆子旦角的表演艺术颇多丰富创新，代表剧目有《喜荣归》《蝴蝶杯》《打金枝》《燕燕》《万花船》《西吉滩》等。

周文茹（1929—2007 年），女，梅花大鼓演员，艺名花文宝，天津市人，住小双庙胡同。她 12 岁师从邱玉山学唱梅花大鼓，14 岁起登台在各杂耍园子献艺，16 岁经邱玉山引荐拜卢成科先生为师，技艺大进。1947 年，她被天津《真善美》报评为“梅花亚后”。

· 周文茹

· 小双庙胡同门牌（王鹏收藏）

中华人民共和国成立后，周文茹加入红风曲艺社，后加入天津市曲艺工作团。1956 年，加入天津市和平区曲艺杂技团，担任曲艺队队长。1958 年，代表天津参加全国曲艺会演。1960 年 5 月，加入中国共产党。1980 年，加入天津市实验曲艺杂技团。她吐字真切，字正腔圆，音色优美，唱法细腻，融金派唱腔于花派唱腔之中，善于运用颚嗽音，妩媚而不乏苍劲，高而不躁，低而不浊。她致力于梅花大鼓的革新，与弦师韩德荣创造了“散板”等新板式，化用了京韵大鼓的身段表演，增强了梅花大鼓的表现力。

周文茹于 1985 年退休，退休后基本告别舞台。1986 年到中国北方曲校任教。周文茹为中国曲艺家协会会员，天津市曲艺家协会理事，两次获得“天津市三八红旗手”称号，四次被评为天津市劳动模范，2007 年在天津去世，终年 78 岁。

·天津老城里部分文艺界名人旧居或成名地（制图:戴晓泉）
①王君直;②常杰淼;③李吉瑞;④杨翠喜;⑤李佩卿;⑥马轸华;⑦杨景奎;⑧梁蕊兰;⑨金宝环;⑩周文茹

艺精花会成皇会

天津人崇敬天后妈祖,清代每年妈祖诞辰都出皇会,其中许多民间花会都来自城里。

乡祠前远音跨鼓中幡会:由厨师行业所办,成立于康熙四年。乾隆下江南经天津时,他们负责接驾表演,获乾隆御赐龙旗两面,八名鼓手每人获奖一件黄马褂,每年皇会需下请帖请其参加。

津道鹤龄老会：设在老城里津道衙门附近。该会是童子高跷，表演者是六名十三四岁的男孩，被称为鹤童。六个表演者中，四个骑仙鹤，两个骑凤凰。仙鹤和凤凰都用藤子做胎，外面用羽毛装饰，中部装假腿，如同人骑鹤、骑凤凰空中飞翔，真腿下踩高跷。表演时有乐队伴奏唱吉祥歌。该花会也曾受到乾隆嘉奖，得御赐龙旗两面、鹤童项圈四个。

天津的娘娘会也因以上这两道会受过皇封，才被称为“皇会”。

东南城角同议庆寿八仙老会：清朝初年成立，属于礼仪高跷，由十三四岁的儿童扮演八仙，各背法宝，还有一位老寿星骑着仙鹤，下边全踩着高跷。每年农历三月二十三是天后诞辰，会头领着全会人员第一批给天后烧香，唱庆寿歌，然后才轮到别的会。

·民间花会的执事(一)（摄影：戴晓泉）

经司胡同赫赫堂銮驾会：天后是皇帝敕封的，出巡有仪仗，按制称銮驾，仪仗队打执事的八十多人，服装整齐，还有四十位钱商长袍马褂，每人手拿一盏提灯。

老县署接香会：有香锅三口，分管接送生娘娘长生元君、瘢疹娘娘回生元君、子孙娘娘保生元君三位娘娘的香。

南门内接香会：有香锅两口，分管接眼光娘娘明目元君、天后圣母明著元君两位娘娘的香。皇会所经会道途中，善男信女为娘娘进香，都由这两家接香会的人用长柄香勺接过，再放进两人抬的香锅。

北城根公议集善五虎杠箱老会：原本是明代天津卫左、中、右老

·民间花会的执事(二)(摄影:戴晓泉)

三营士兵排练的武技,用真刀真枪对打。后附近居民子弟参加演练,增添了故事内容,形成一方护送宝箱、一方抢劫的武技表演。扛箱者用长长的竹竿,可以肩扛、头顶、脚蹬,表演各种花样,唯独不许用手扶。表演过程中可欣赏到许多精彩绝技,而箱官更是滑稽可笑。此会也受过奖赏,深受欢迎。

龙亭公议井音法鼓会:成立于乾隆年间,后得到海张五家赞助,由龙亭街、双井街合办,会员达二百多人,服装整齐,技艺高超,有精美的茶挑子、软硬对、灯牌、彩旗等随行。

除以上几道会之外,还有运署的瘢疹娘娘请驾会、运署的护驾会、栓马桩胡同的云照灵官、准提庵中音法鼓会、东门里的大乐会、西门里的音乐会等。

这些会都是皇会中必不可少的。过去出皇会，先由一些头面人物组成扫殿会，因为一些重要的花会需扫殿会的人执请帖去邀请。天津的法鼓会、高跷会很多，有的接不到请帖也自愿出会踩街。老城里的民间花会还有镇署立源法鼓会、盐道运署法鼓会、中营同汉法鼓会、项家胡同霞云法鼓会、北门里振音法鼓会、城隍庙卫龄高跷会、南门西公议乐善高跷老会、中营后国乐高跷老会、普乐八蜡庙高跷老会、老县署公议混元合高跷老会、西门内全龄秧歌会等。

除了皇会外，城里还有盛大的庙会，这就是城隍庙的庙会。庙会的会期是每年农历四月初一到初八，有些花会也参与拜庙与踩街表演。还有一些是城隍庙独有的花会，扮成各种鬼形，故俗称"鬼会"。

上文提到的这些民间花会都是在有庙会一类的庆典活动时才出会，平时是看不到他们表演的。还有一些民间娱乐性组织则是另一种性质，就是京剧票房，只要喜欢唱或喜欢操琴伴奏，就可以申请加入。

雅韵国风社：天津最早的京剧票房，成立于光绪二十八年，位于北门里一处独门独院，主持人是王君直，参加的票友也都是富商子弟。京剧名演员余叔岩初来津时常到此向王君直求教，并聘请社中的琴师李佩卿为之操琴。

津道西箭道的颜料商李澄甫、李士骧父子，把四合院的倒座三间当票房，自置乐器、行头，请名师教戏，每月彩排两次。

经司胡同盐商李赫生家、西北角开麻袋庄的李文吉家也都是因为喜好京剧，自己联络一些票友在家中开锣排练自娱自乐。

正乐育化会：京剧演员的群众组织，原设在估衣街山西会馆，会长是住在青年会旁奎星里的京剧武生李吉瑞，后来停办了。1935年，演员们请他恢复，他以年老推辞，愿意提供东南角贡院后的一处小楼为会址，正乐育化会就迁到此处，另选琴师郭钟麟为会长，后由梁一鸣任会长。梁一鸣在上海曾请梅兰芳演义务戏三天，并将全部收入赠送天津正乐育化会，用来救济贫困的京剧演员。

青楼名妓居城外

·妓女坐轿出行

明清时期的老城里是天津的政治、军事和文化中心，有着众多的衙门、兵营、书院、塾馆，居住的也多为安善良民，娱乐场所很少，而妓院青楼根本不允许在老城里开设。所以天津从明初建城到中华人民共和国成立，老城里从来没有开设过妓院。那些富商大贾闲暇时要找花街柳巷消遣取乐，文人墨客要到秦楼楚馆谈情说爱，就只能到城外。明清时期，北京外城有八大胡同，天津的妓馆主要设在北门外的侯家后一带。那时天津侯家后与北京八大胡同齐名，北京、上海等地的名妓也常到侯家后营业，如北京的赛金花、上海的林黛玉等。妓院针对不同的服务对象，也分等级，上等的叫“大地方”，只接待上流社会的高官、富豪和社会名流。这里的妓女不但长得花容月貌，而且能歌善舞，举止高雅，谈吐不俗，还会些琴棋书画。屋内摆设也名贵，费用当然属于高消费，不是普通人能消费得起的。她们招待客人喝茶聊天，为客人唱曲消遣，叫“打茶围”。也可以“出局”，就是应客人之邀（开局票），去高级饭馆陪酒。城里富商有时在家中举办私人宴会，也可以召妓女来陪酒。例如大盐商海张五，家中经常招待客人举办宴会，常到侯家后召些妓女来陪酒。

中等妓院的妓女也有中上之姿，但没什么文化，讲高雅的琴棋书画是不成的，喝酒、打麻将、唱窑调小曲都成。妓院条件也逊于上等妓院，无论打茶围还是住宿都比上等妓院便宜。这里接待的对象是中产阶级，有些是外地来津经商的生意人，他们赚钱不少，但在天津没有家，这里服务热情，有宾至如归的感觉。中等妓院的妓女有来自北京的叫京班，有来自上海、苏州等地的叫南班，规矩不大相同，到了民国时期逐渐一致了。

下等妓院一般小门小户，一个妓女的房间不过十平方米，屋中仅有一张普通双人床、一个梳妆台、两把椅子、一个脸盆架和一个大衣架而已。这里的妓女或姿色差或年纪大，接待的不过是些小商贩之类的小人物。

进入民国后，随着商业中心南移和南市的崛起，侯家后衰落了，妓院多迁往南市，妓女也纷纷去南市谋生。妓女们为了招揽顾客，白天常到南市各落子馆去演唱，那时南市的中华、同庆、燕乐、群英、权乐等茶园白天都有妓女登台献艺。

妓女都是吃青春饭的，年纪稍大有的从良嫁人，唱得好的也能转业成为专业演员。过去天津有些鼓曲女演员就出身于青楼。

独特工艺

人们生活安逸了，对美的追求也越发迫切。天津经过几百年的发展，逐渐形成了自己的审美特点。清代末年，一些民间艺人适应了这种需求，发展了特有的民间工艺。进宝斋花样店的花样子是刻在极薄的纸上的，用时涂上糨糊，粘贴在布料或绸缎上按形而绣，有了造型精美的花样，绣品才漂亮。扎彩铺本是从事丧葬服务的，用彩纸扎成各种冥具焚化，也叫“烧活”。但富商为显示阔绰，只要东西好，不怕多花钱，这就促使扎彩行业不断提高技艺，天润斋更是这行当里的杰出者，常扎出奇巧之物。风筝魏的技艺也源自扎彩技术，其风筝驰名海内外。刻砖刘在灰砖之上不断研究改进，达到了极高的水平，精美砖雕更是为老城建筑增添异彩。

巧手夺天工

花样精彩进宝斋

· 进宝斋花样子铺

进宝斋花样子铺坐落于鼓楼东姚家东边隔壁第五门、第六门门面小房。进宝斋专卖大小、红白各色花样子，从清宣统年间开业一直到20世纪60年代中期，生意兴隆，名声远扬，经年不衰。近至老城厢各阶层人士，远至城郊及外省人士，都到这里购买各式绣花样子、窗花和各样剪纸图案，或买回去自用，或批量趸购再零售。

进宝斋的柜台后面是一木制隔断，上半部做成玻璃框子，里面镶着各种花样子，柜台上摆放着粘贴有大小红白纸做成的各式花样子的样本，供客人挑选。

·大户人家儿童斗篷上的刺绣（图片提供：王松）

旧日男女适用的手帕、荷包、腰串、钱褡裢、鞋面、大小枕套、兜肚、小孩的兜嘴、台布等，经常要刺绣上一些花卉、动物、翎毛、人物等图案，寓意吉祥，带给人欢快、喜庆的感觉。天津人把刺绣也称为"插花"，插花就需要在底料上绘出花样，然后依照图样用钢针、绒线刺绣，对于不会设计图案的人来说就困难了。有了进宝斋的花样子，插花设计变得简单了，绣品也十分耐看。

·大户人家儿童兜肚上的刺绣（图片提供：王松）

花样子是旧时叫法，后来称剪纸，以刀作为主要工具刻出来或砸出来，术语叫"筑"。刻花样子所用工具类似制印的铁笔，有大小、宽窄、平刃、尖刃和大小半圆刃之别，另有软木垫板一块、长方形木棒一根。制作时，先在硬白厚纸板上勾绘出各种花样，并刻好作为样板纸，做好的样板可以涂上清桐油，延年耐用。操作时，先将细薄绵纸按需要量摞齐（一般百张为一摞），把样板摆在上面，四角用细针固定在软木板上，避免走样。然后选择适用的刀，左手竖立拿刀，右手横握木棒，"筑"刀上端，可轻松"筑"透百张绵纸。若制作量少时，也可直接用刀刻制。

进宝斋的花样子分红、白两色，红色适用于浅色底料，白色适用于深色底料。这样反差清晰，刺绣时不会跑针。进宝斋的花样子种类繁多，应时，应景，精巧细致，随时翻新。有边花福、禄、寿、喜字，团寿字，篆体寿字；有天官赐福、鹤鹿同寿、八仙过海、刘海戏蟾、和合二仙、麻姑献寿；有团鹤、飞鹤、鸳鸯戏水、荷花翠鸟、喜鹊登梅、杏林春燕；还有蝙蝠、寿桃、两枚古钱（古泉）寓意福寿双全，玉兰、海棠、牡丹寓意玉棠（堂）富贵。其他还有各种花卉、草虫、鸟类、松柏、走兽、禽类等百余种，以适合各种时令和红白喜寿事的需求。进宝斋经常有国际友人光顾，他们对这里层出不穷的花样子交口称赞。20世纪60年代中期，进宝斋停业。

扎彩名家天润斋

蒋姓天润斋（原名天福斋）坐落于天津老城里鼓楼北沈家栅栏

· 扎彩铺的师傅在扎纸活

口外路东，扎彩活专供白事（丧事）使用。天润斋是老城里最老的手工艺作坊，人称蒋师傅家。

蒋师傅名蒋润田，头脑聪颖，思想开明，不墨守成规，经常用心钻研，不甘心只做粗活，时常有新作品问世。他勤学好问，常去古玩店浏览，与掌柜的建立了感情，因此普通物件可以借回家中仔细观摩几天再送还。珍贵的文玩器皿不便张口借时，就去遛西南角"鬼市”，如遇到俏货、便宜货，可以捡个漏儿，买回去做样品，便于模仿。几度寒暑，蒋师傅对于案头陈设、文房四宝、古董文玩不仅会识真伪，且可扎彩仿真。蒋师傅用名字中“润田”的“润”字，把原来“天福斋”的字号改为“天润斋”。

天津人办丧事极为讲究，清末“老八大家”、民初“新八大家”中年长的人故去谓为“老喜丧”，必大办、特办。“新八大家”之一的老城里乡祠下家老三太太去世当天，蒋师傅率子、侄、孙辈一齐直奔卞家墓地，丈量尺寸，备好芦苇、秫秸、竹竿、刀剪锯、纸张、各色颜料、油漆等，仿照亡人生前的住宅、卧室陈设，丝毫不差地扎一阴宅，于出殡前一天全部交活。

开工时，蒋师傅的家族子孙辈扎糊院内的夹竹桃、石榴树、山石盆景，房子、门窗、屋内顶箱、大柜、方桌、连二桌、条案、茶几、椅子、炕凳、炕上的被阁子、炕几等粗中有细的大件头。案头摆设的掸瓶、帽镜、木钟、西洋皮套、钟表、木瓜盘、水仙盆、盖碗、瓷寿星，日用的锡壶、铜盆、蜡扦以及大狮子猫、小哈巴狗等细活，由蒋师傅亲自在自家小铺里精心制作。这些细活，用料考究，工序繁琐。比如仿真乾隆年制的艾叶形青花水仙盆，先要用湿泥做模，晾干后蘸上粉浆，然后用锉草和细砂纸打磨光滑，再刷白油漆。刷油漆十分吃功夫，油少了无光，油多了又不像瓷器。最后再用天蓝或天青色油漆绘上花卉。若是做瓶、罐类器物时，先制两片胎，再对口粘好即可。仿制真的紫檀、黄柏、老红木底座时，先用竹条、竹片、竹皮经过火烧，做成所需形状，用胶粘成，仿制的成品几可乱真。

难度最大的莫过于金玉器陈列品。办丧事开吊，灵棚里要摆几件贵重的金玉古玩，如古铜钟、鼎，旧玉的“炉瓶三事”等，摆排场显阔绰。其中有的是真品，但总有一两件仿制品。虽然是仿制品，即使是金石古玩鉴定家，乍一看到也会难辨真伪。

最奇特的当属祭席——给亡人上供用的菜肴。天津传统的“八大八小”“六小四大”等席，一应俱全，山珍海味俱备，虽“中看不中吃”，但也五颜六色，逼真至极。

魏氏风筝长清斋

光绪初年，城里鼓楼东姚家东向隔壁路南第二门，原是一间小铺房，里面住着魏姓一家，男主人叫魏长清，是裱糊匠，店名长清斋。当年城厢老三合房、四合房屋里顶棚和墙壁糊粉笺纸，分素白色、粉底白花两种。冬天要糊白粉连纸暖窗，夏天糊卷帘冷布纱窗。小魏手艺好，脾气好，人缘好，常年做活，一家人生活比较安逸。魏长清之子魏元泰（“风筝魏”）从小跟鼓楼北天润斋蒋师傅扎彩作坊学徒。由于魏元泰聪明伶俐，悟性甚高，心灵手巧，无论大小活计一点就通、一学就会，深得蒋师傅器重，学徒期满后，就在天润斋耍手艺挣工钱。因常到大户人家做活，耳濡目染学到很多知识，对日后创作产生了不小的影响。

几年后，魏元泰拜谢了蒋师傅，离开天润斋自行开业，字号仍叫长清斋，人们习惯称其“小魏”，也有叫“魏记”的，反倒少有人叫长清斋了。魏记靠门有一个小柜台，柜台里面东墙上挂着两个小玻璃柜，下边长案子上为色碗、彩笔、糨糊盆、鳔胶锅、大小刻刀、剪刀、夹剪、铁丝和油灯等，后墙和西墙前为竹篾、竹条、藤条、秫秸、各色纸张……魏元泰一改其父扎纸人、纸马等旧行业，运用“裱”“扎”“糊”“绘”等技艺推陈出新，设计出春、夏、秋、冬四时应季的作品。魏元泰心灵手巧，正月裱糊太平鼓，入夏裱糊黑白粗纸的扇面，修理扇

· 长清斋风筝魏的师傅在制作风筝

骨、扇轴，立秋做“倒沙兔捣碓”，八月中秋节后扎风筝。

“倒沙兔捣碓”由齿轮、杠杆组成，是有人物、音响的古老的儿童玩具。魏记制作的“倒沙兔捣碓”造型美观，内部机械设计合理，音色清脆，成品边框上印有长方形“魏记长清斋”阴文图章。每年从农历七月初一开始制作，随做随卖，至八月初十前后全部卖光。

要制作“倒沙兔捣碓”，一般从前一年腊月就要开始准备。腊月二十前后，魏元泰总会到鼓楼北的临时画棚买印有胖小子抱金鱼、胖娃娃手举莲花等寓意吉庆的杨柳青木版套色水印年画百余张，还要买《花蝴蝶》《鄚州庙》等戏剧年画十多张，到家后将自己原有的“兔捣碓”小样连同年画一起裱成厚纸板，待干燥后将人物、风景、戏剧故事等原形剪下储存备用。到农历六月中旬，开始备齐各种应用材料，在河北大街罗圈铺定做宽五寸的罗圈百十个，两头对齐呈圆形，直径一尺二寸，另有一寸半的窄罩圈，作外口能套在宽罩上。之后，又在三条石铁铺定做生铁铸的小铁镲和小扁铁锤百余个。接着，到北门外单街子纸店买天青、天蓝色和浅黄色小红花纸二百余张。最后，还要准备干秫秸若干，撕下外面软皮。至此，一切准备妥当，只待组装。

组装时，将宽窄罩圈两端对口，以细铁丝穿牢呈圆形，窄罗圈用黑烟子胶水里外涂黑，罩圈中央用四棵秫秸做支柱，前后各两棵，柱边前后有八棵大横梁，支柱与大横梁之间均有小横梁，用鳔胶粘牢，紧贴四支柱，中间罩圈上端装一锥形厚纸能转动的叶轮，叶轮右侧有一小竹棍，紧挨一只鼓面朝下的小鼓。叶轮之下左边有一竹制杠杆，杠杆左端装有一半圆柱形厚纸制作的小斗，右端装一小扁铁锤紧搭在小铁镲上。叶轮、杠杆外面装上两个小轴承，各有一根竹签通到罩圈外约半寸长，用结实的细棉线牵引，以带动正面人物部分器官的动作。最后，把细沙子倒进罗圈里，直到装满顶上大漏斗为止。至此，机械部分组装完毕。

接下来，检验机械性能。沙子从大漏斗尖端小孔漏下，冲击叶轮旋转，拨动小竹棍打击小鼓作响。沙子从叶轮边缘逐渐落到杠杆左侧小斗里，杠杆右侧的扁铁小锤慢慢抬起。小斗随沙子增多自然下落，至小斗翻转沙子倒出后，扁铁小锤落下，打击小铁镲发出金石之声，金鼓齐鸣时，外面人物也随之动作。试验数次灵活无误后，再装饰外面的人物背景。

罗圈正面糊纸，依人物色彩而定，人物色彩深的糊天青色，色彩

·“倒沙兔捣碓”的还原图

浅的糊天蓝色。胖娃娃用五分长的秫秸芯，把中间和四边粘在正面纸地上，将两只眼睛和一只手剪下，分别粘在从里穿出露在外面的两根竹签头上（竹签提前穿好秫秸芯并粘好）。沙子从背面倒入罗圈里，后背糊浅黄色小红花纸，再将黑色窄罗圈套在宽罗圈的正面。后面顶端固定一个薄铁鼻儿，可用其挂在墙上。下边框上粘好“魏记”图章一方，一件玩具至此全部组装完成。

使用时，双手端起，将上面大洞孔倒转过来，让沙子流入大漏斗，再放于桌上或挂在墙上。听小鼓响到第八下时，胖娃娃两眼左右转动，一只手徐徐抬起，随小镲一声响后，有音乐，有动作，十分有趣。有的是戏曲人物出台，如《鄚州庙》中的黄天霸和谢虎，人物体形小，旁边还要装兔捣碓，里面机械设计也随之改变。小兔随鼓声捣碓，同时黄天霸、谢虎手中的刀也慢慢地举起来，镲声一响刀就落下。因胖娃娃抱金鱼、手执莲花有吉庆有余、连生贵子之意，故比《鄚州庙》《花蝴蝶》等题材的受欢迎。

进入20世纪40年代，物价飞涨，成本加剧，此时的魏元泰也年届古稀，少有制作，“倒沙兔捣碓”这一独特的工艺制品也就几近绝迹了。

几十年的潜心钻研让魏记风筝的制作工艺形成了独特风格，由最初制作平板风筝发展为制作圆形立体和软翅风筝，进而制作可折叠的风筝，魏记风筝以其造型美观多样、形象逼真、用料考究、做工精湛、绘画水平高超、适合高空放飞而蜚声中外。魏元泰制作风筝，骨架用铜箍衔接，一丈长的风筝拆散后可放在一尺大小的盒子内或装到一个大信封里。据传，慈禧太后曾派太监到津定制魏记风筝。民国时期，黎元洪大总统也亲自购买过魏记风筝。末代皇帝溥仪在天津张园居住时也派人购买魏记风筝。1915年，魏记风筝曾作为北洋政府直隶省出口商品的征集展品，被送至在美国举行的巴拿马国际商品展览会，并获得奖章，从此“风筝魏”扬名世界。中华人民共和国成立后，魏元泰当选为中国美术家协会天津分会会员，受聘为市政协委员。1956年，已经84岁高龄的魏元泰老人为天津历史博物馆制作了一只风筝，由五只白色和平鸽护卫一

· 天津博物馆藏“风筝魏”作品

颗红五角星，上面写着“世界和平”字样。1957 年 1 月，魏元泰特制的“四喜瓜碟”“子孙万代”两个丝绸风筝在欧洲、亚洲的十几个国家展出，受到外国友人的好评，同时获得中央手工业管理局颁发的天津老艺人创新产品奖金。同年 7 月，魏元泰应邀进京参加全国工艺美术老艺人代表大会，被选为主席团成员，受到毛主席、周总理的接见。1959 年，为庆祝中华人民共和国成立十周年，87 岁的魏元泰特意制作了一只彩龙风筝，中央新闻纪录电影制片厂特此拍摄了 37 号新闻简报。1961 年，魏元泰老人辞世，享年 89 岁。

值得一提的是，长清斋的长方形横匾也极具特点。纸制横匾为深褐色，表面涂着桐油，上面书写有黑字，匾面每隔一寸竖着一寸宽的纸条版。横匾从正面看上去写的是“长清斋”三字，站在左边看是“魏记”二字，而在右边看则为“风筝”二字，此乃奇、特、新、独集于一身也。

如今，风筝魏的第四代传人魏国秋也已步入中年。魏国秋继承并发扬了风筝魏的传统技艺，他制作的最大的风筝有千米长龙，耗时三个月完成，需两百人才能放飞；最小的仅几厘米大，需特殊丝线放飞，制作难度较高。他还是风筝的友好使者，先后出访了德、法、意、比、荷、澳、美、加及中国香港等二十多个国家和地区，多次举办讲座，与当地艺术家交流，并将“风筝魏”这一品牌技艺远播海内外。

回族大家刻砖刘

砖雕也叫刻砖，是一种专门用于建筑上的装饰艺术。天津由卫升格为府后，从军事建制转型为工商业城市，城市建设发展迅速。富商和官宦人家的住宅追求美观豪华，使得刻砖艺术得到了发展，当时南方的苏州和北方的天津均在国内处于领先地位，天津涌现了一批技艺高超的人才。

刻砖最初是由泥瓦匠兼做，但不是普通泥瓦匠所能胜任的，必须是心灵手巧的工匠。匠人们需要先在头脑中构思出图样，再精细地凿刻出来，所以又被称为凿花活儿的，也叫刻花活儿的。在乾隆、嘉庆时期，宁四海就是其中的佼佼者。他擅刻动物和花草，尤其擅刻猿猴，创作有“马上封侯”“封侯荫伯”“白猿偷桃”等作品。另一名家是马士海，他的作品线条粗犷豪放，更能体现北方人的豪爽性格。

到了道光年间，由于对砖雕的需求增多，刻砖渐渐从泥瓦匠中分离出来，成为专门行业。砖雕所用的青砖也需要专门烧制：一是砖雕需要一些特殊规格的砖；二是刻砖所用的砖必须特别细腻，不能含气泡和砂粒等杂质。

这一阶段，刻砖业的代表人物是马顺清。他为了加强砖雕作品的层次感，创造了“贴砖法”，就是根据构图的需要，在底砖上的某一部分再粘贴上一小块砖，增加了砖的厚度，使其更加突出，更富有立体感。贴砖黏合剂的配方和黏合方法也很重要，因为砖雕作品都是装饰在建筑外部，要经得起风吹、雨打、日晒而不开裂、不脱落。马顺清经长期实践，研究出的配方是将松香和黄腊按适当比例研碎，再加水搅匀，然后用炉火加热使之变成黏稠液体，再放置冷凝结成块备用。需要贴砖时，先将底砖和小砖的黏结面磨平，再把两砖烧热，趁热把黏合剂均匀涂满黏结面，然后用重物压紧。这样放冷之后，两砖便连成一体牢不可分了，刻成的作品也如同浑然天成，历经风雨永不脱落。

由于马顺清技艺超群，许多人向他学艺，先是他的儿子马少德、马少清，此外还有穆成林、何宝田等几十个弟子。大盐商张锦文家的祠堂砖雕（现存于西北角清真大寺的砖雕），都是马氏父子的杰作。马顺清的盟弟赵连璧也是当时较有名气的刻砖高手，他经常与马顺清交流刻砖的技艺。其子赵恩祥继承家传，擅长刻花鸟。赵氏父子的刻砖构图还吸收中国山水画手法，砖面有近有远，层次分明。同时期的名家还有杨璧臣，以作品富于装饰性而闻名。

·刘凤鸣

近百年最有成就的刻砖艺人当属刘凤鸣。光绪十六年，刘凤鸣出生于天津，家住西门里，是马顺清的外孙。刘凤鸣从小就喜爱刻砖，15 岁正式向外祖父马顺清和舅父马少清学习刻砖，28 岁技艺纯熟，能独立设计和创作。他头脑灵活又善于观察，对杨柳青年画、花灯、建筑物上的彩绘、石雕造型等各种艺术品都仔细揣摩，这些也成为他日后创作的源泉。由于他头脑中储存了丰富的资料，因此在刻砖时总能做到胸有成竹，可以不用打稿直接在砖上雕刻各样花鸟、人物、山水，无不栩栩如生。

刘凤鸣不仅继承了马顺清的贴砖法，而且在原有基础上有了提高，那就是从贴一小块砖发展到贴多块砖的“堆贴法”，使作品构图更加复杂多变，立体感更强。“龙凤图”“九狮图”都是刘凤鸣堆贴法的代表作，他在这些作品中运用了浮雕、透雕、镂空雕等多种技法，再加上贴砖，使作品具有层次多、装饰性强的特色，令人无论从正面还是从侧面观赏，都极富美感。

· 天津博物馆藏刘凤鸣砖刻作品“四爱图”

由于刘凤鸣刻砖技艺精湛，手法细腻，具有独特的艺术风格，故人称“刻砖刘”。他一生以刻砖为业，不仅继承了马氏的刻砖技艺，而且加以发扬光大。他从事刻砖业长达70年，创作了许多优秀作品，如“合家欢乐”“草原奔马”“常年富贵”“龙凤呈祥”“扶苏花篮”“鹤鹿同春”等。特别值得一提的是“三国演义”。这是一幅长约一丈的巨作，人物众多，形象逼真，又有山水丛林、城堡江河陪衬，极富艺术感染力。

刘凤鸣于1979年11月15日病逝，享年89岁。他留给后人的刻砖艺术达到了国内的最高水平，与泥人张、风筝魏、杨柳青年画并称为“天津民间艺术四绝”。

百姓民俗

天津是个移民城市，五方杂处。但老城里的居民老住户较多，流动性较小，代表了老天津民俗的主体。在老城里，百姓的婚丧嫁娶、过年过节等重要日子都有不同的习俗和礼仪，用天津话讲叫“妈妈例儿”，由此也催生了以提供配套服务为营生的行当。而由天津城隍庙发展而来的城隍庙会，也曾是天津一道独特的风景。民国时期，逐渐有了移风易俗的新风尚庙会，如今也淡出了历史。由于天津始建时即为屯兵的卫制，因此形成了特有的方言岛，产生了风趣朴实的天津方言，亦形成了天津独特的民俗特征。

民俗重礼仪

城厢婚事讲究多

·说媒

结婚是人生中的一件大事，但在老年间婚姻不能自主，要听父母之命媒妁之言，而且整个结婚过程有不少传统老规矩，俗称“妈妈例儿”，要一步步地按规矩办，也就是婚俗。具体程序如下：

第一阶段：婚前要进行的几个步骤。

第一步是提亲。先由媒人或亲友（俗称大宾保）提亲，提亲讲究门当户对，就是男女双方的家庭条件要接近。

第二步是换庚帖。经提亲双方家长认可后，将男女双方的出生年、月、日、时详细写在红帖上，由介绍人交给对方。这就叫交换庚帖。此过程需注意的是，必须男方先交给女方，女方才能回帖。

第三步是合婚。就是双方各自把庚帖交给算卦的细批八字，先看双方犯不犯属相。相合的属相有“青兔黄狗古来有，红马黄羊寿命长，黑鼠黄牛两兴旺，青牛黑猪喜洋洋”。不合的有“白马犯青牛，羊鼠一旦休，蛇虎如刀错，龙兔泪交流，金鸡怕玉犬，猪猴不到头”，这些属相是不适合结婚的。再看两人的五行命运，如一个是水命，一个是火命，水火不相容也不适合。这只是最基本的，还有许多讲究要由相士分析后确定是上等婚、中等婚还是下等婚。上等婚最好，中等婚还可以，下等婚则不适合婚配。还有“绝命婚”，顾名思义，对男女双方都不利，更不成了。这种用属相八字来决定婚姻大事的做法，在旧时代长期流行着。

第四步相亲。合婚成功后，双方都想看看对方的人品相貌，但当事人是不能直接见面的，尤其女方是不能轻易和男子见面的，得由亲友或家长出面代为相看。民国时期，社会风气逐渐开放，男女可以相见，但不能交谈，只在公众场合如公园、商场、戏院等地，由人陪伴远远指认一下。

第五步是换婚书。双方都满意后，就可以订婚了。订婚要写订婚的证书，也叫龙凤帖，过去纸局有卖。按规矩，男方先写好，选吉日由介绍人送到女方家，女方再将婚书交介绍人带给男方。换婚书时，男方一定要备礼品随婚书一并送去，礼品常用“四大金”，就是金戒指、金手镯、金耳环、金簪子。女方也必须回礼，一般是鞋帽衣料、文房四宝之类。

第二阶段：婚礼的几个步骤。

第一步择吉。就是男方拿着写有女方生辰八字的庚帖，请算卦的选出适合女方的“行嫁月”。

第二步叫请期。就是由男方根据行嫁月，派人向女方询问是上半月还是下半月，目的是避开女方的经期。也可由男方从上半月和下半月各选一个吉日，交给女方选择决定。

第三步送娶帖。娶帖是订好了迎娶的日子。一般要在迎娶前一个月送，同时"妈妈例儿"说娶帖不能隔年送，如正月迎娶不能腊月送娶帖，双方须再议定正月哪天送。

第四步过嫁妆。喜期前一天上午，先由男方派人抬食盒送到女方家中。食盒要双数，有龙凤饼、干鲜果、鸡鸭鱼肉等，目的是催女方过嫁妆。女方要招待男方来人酒饭，给喜钱，然后派人将嫁妆送到男方家中。男方同样要备酒席招待女方来人，发喜钱。女方送的嫁妆主要是女人的衣服、首饰和新被褥。要提前到赁货铺赁条桌——专用的红漆小长桌，上边带金漆栏杆，每件物品都用红绳拴牢绑在桌子四角。数量最少八抬，富贵人家有的超过百抬，规矩是要双不要单。第一抬是大花瓶，代表平安，第二抬是大帽镜，象征光明，其他物件可以随意安排。大件衣箱、家具就不用条桌了。家

· 过嫁妆时包袱上的包袱皮别子（图片提供：王松）

· 民国时期用于贺婚的银盾（图片提供：王松）

境一般的可以少送，但有两件东西是不论贫富必须送的——木桶和灯，俗称“子孙桶子长命灯”。木桶是红漆带盖的，叫喜桶，里面放苹果、供果等物，还有一双送给新郎的布鞋，“布”和“步”同音，取“步步登高”之意。事先女方会派人问清新郎鞋码，新郎要把号码说得大些，以防女方“给小鞋穿”。这个桶子要由专人背送，给双份赏钱。过嫁妆的这天，男女双方都是贺客盈门。

在喜期之前，男方还要到花轿铺预约租赁彩轿，雇吹鼓手，如果房屋不够用，还要提前请棚铺来搭棚，到饭庄或酒席处订酒席，到小货铺租赁桌椅。花轿铺要在喜期前一天把花轿抬到新郎家“亮轿”，等到夜晚灯火通明时，有一群儿童身穿彩衣，手持灯笼，围着轿边走边唱喜歌，叫“童子转轿”。如果订的是“头水轿”，需当场将全新的绣品套在木轿外，请裁缝当场“挖虎眼”——当着主人的面，剪出穿杠子的四个方孔，再滚边包缝，之后主人要给裁缝赏钱。普通人家一般是用不起“头水轿”的。喜期前一天晚饭后，吹鼓手先到洞房演奏一番，叫“响房”。吹鼓手走后，男方要找两位“全科人”拿镜子和灯去照轿心，寓意驱赶邪祟。

第五步婚礼。到了喜期，男方门前贴双喜字，女方门前贴单喜字。早晨，男方先派一名妇女给新娘送去一个小提盒，内放胭脂粉等化妆品，还有一段绞脸的丝线和一对上轿戴的小耳环。女方派一名妇女给男方送一百个饺子，实际上是九十六个，女方留下四个。吹鼓手、轿夫、扛执事的到男方家集合后发轿，新郎不随行。随行的有三个人，一人坐在轿里是压轿的，另外两人一人抱大公鸡，另一人抱一领用红绸裹着的凉席，这叫“金鸡报喜”（“席”“喜”谐音）。到了新娘家，压轿的自己走开，抱公鸡的在新娘窗户下打鸡，鸡就乱叫，新娘就赶紧梳头，这叫“打鸡上头”。花轿停下后，由女方的近亲把轿心抬到新娘屋门口放下。新娘在屋内先绞脸，也叫“开脸”，就是请“全科人”用两根线为新娘绞去面部的汗毛。随后梳头，挑起一绺头发在头顶盘成抓髻，别上一个“冠子”，叫“上头”。在旧时代，未出嫁的女子不许绞脸，不许戴“冠子”，而且非明媒正娶的女人也不能戴“冠子”，只有正夫人才可戴。新娘梳好头，穿戴凤冠霞帔，两手分握金锞子和银锞子，表示“一手金一手银”；家境差些的也可以一手握银子一手握铜钱，表示“一手银子一手钱”，均表示不是空手去婆家的。然后新娘的母亲就给新娘蒙上红盖头，两个“全科人”搀着新娘坐进轿心，再由两位近亲抬出交给轿夫放进花轿中。之后轿夫抬轿，旗锣伞扇前导，吹鼓手吹吹打打，轿子抬往男方家中。

婚礼仪式也分几步：一是进门。花轿到了，男方先燃放鞭炮迎接，再关上大门等几分钟，然后开门迎入花轿，新郎对花轿行礼，鞠三个躬或作三个揖，取一条红绸，新郎与新娘各执一头，由新郎将新娘引到屋里。二是拜天地。屋中供桌上供有天地神祇，司仪高呼“一拜天地，二拜高堂，夫妻对拜，送入洞房，礼成”。三是合卺。在洞房里，新郎用秤杆挑下新娘的红盖头，两人并肩而坐。这里又有“妈妈例儿”，俩人衣角不能相压，谁的衣角被压在下面，谁就会怕对方一辈子。“全科人”给新郎新娘送上交杯酒，不会喝酒的就用糖水代替。喝完交杯酒后，新郎脱去礼服换成便装，新娘也换下凤冠霞帔，再吃“子孙饺子”。这里也有“妈妈例儿”，饺子往往煮得不太熟，有人问：“生不生？”要回答：“生。”寓意婚后能生孩子。四是闹洞房。洞房不是谁都能进的，这里也有“妈妈例儿”，叫“忌属相”。洞房门口有人拦着问属什么的，如果新娘属牛就忌虎、马、狗三个属相，这三个属相不准进。不论年纪和辈分，只论属相，即所谓的“三天不分大小”。五是铺被褥。闹洞房后，由“全科人”给一对新人铺被褥，铺时撒点儿栗子和枣，口中念叨着“一把栗子一把枣，闺女小子满炕跑”，然后“全科人”退出，新郎新娘休息。

第二天娘家要派个很有礼貌的孩子来给新娘送梳头油，随行的还有一位与新娘关系要好的女子，把梳头油交给新娘，实际是探问洞房之夜的情况。婚后三天分大小，由家长带领新郎新娘拜祖先牌位，然后叩拜本门长辈，会见平辈，接着是晚辈叩拜新婚夫妇。至此婚礼才算全部完成。

过去老城里有许多家专为喜庆事服务的买卖，他们既有分工也有合作，可分几行：

花轿铺：大的有四五顶，小的有一二顶，专门承办婚礼用轿，同时备有婚礼用的旗锣伞扇各种仪仗执事。老城里有成兴德花轿铺、天利华花轿铺、祥顺利花轿铺和福兴斋，他们不但有花轿，同时有齐全的仪仗。

棚铺：过去办喜事都要搭席棚，有招待客人的棚、烧水做饭的棚、摆宴席的棚等，办完事后拆除。

小货铺：也叫赁货铺，是出租用具的，棚里棚外的桌椅条凳、宫灯彩绸应有尽有。规模最大的是万顺斋，在双井街，光过嫁妆用的条桌就有几百套，都是红漆桌金漆栏杆。华元斋出租喜寿宴席用的桌椅，元兴斋、红元斋则是红事、白事用品俱全。

酒席处：专门承办各类宴席，自带厨师、厨具、炉灶和各种餐具，可以承办一天开几百桌的宴席。

茶行：茶行承包了红白喜事过程中礼仪程序的执行工作，而这个执行人就是茶行中的茶房，实际上是整个喜事的总指挥，天津人称之为“大了”。茶房会根据主家的经济能力，替主家运筹帷幄，力争把事事办周全，达到皆大欢喜。

老城丧俗也繁杂

·旧时出殡情景

在天津，丧葬仪式一般非常隆重，而且有很多讲究，而办丧事的过程也异常繁杂。若办不周全，有些亲戚会挑礼，他们有时专门"挑刺"，不但连哭带闹，还要打人摔东西，令主人大丢面子，俗称"闹丧"。所以往往在病人临终前，以下几件准备工作都要做好：

1. 请一位精明强干专会办白事的人来当总管（天津人俗称"大了"），让他全权代理。本家得提前向"大了"交底，就是告知经济能力，他自会视情况安排。

2. 在一进门的地方设账房，亲友送的礼品礼金全部由他清点后收下记账，各项用款也由他支付记账。

3. 找杠房。杠房负责掐尸入殓，带来放尸体的床板叫“吉祥板”，是两块板，黑漆上有描金寿字，下有两条架凳，抬棺材也由杠房安排人。

4. 准备寿材。有的人家提前备存倌木，年年刷漆，取来即可。有的要到棺材铺选购，选购也有两种：一种是买棺材，抬进门时请一位“全科人”老太太拿一条红裤、一升高粮放入空棺，高呼“迎财”，死者儿女哭喊“爹（妈）迎财”；另一种是挑选木料送到主家，当场制作，叫“磕棺材”，一天就完工，白茬入殓再上漆。棺材料最珍贵的是阴沉木，其次是金丝楠，上等的有柏木和杉木十三园等，次的有薄板夹层填锯末碎木屑假充厚木料的，也有就用薄木板做的，俗称“狗碰头”，儿童用的小棺材叫“匣子”。

卖棺材的棺材铺也叫材厂。老城里有材厂十几家，东门里有同春材厂、春记材厂、五福材厂（旧名义泰材厂），西门里有广顺材厂、广义材厂、同林材厂、天兴材厂，北门里有同兴材厂、义昌材厂和震记材厂。如果贫穷人家买不起棺材，可到施舍棺木的慈善组织、理教公所领一口“狗碰头”。

5. 准备寿衣。在清朝初年，寿衣采用明朝服饰（清初对服饰有“十从十不从”规定：活人从死人不从）。到了清晚期和民国时期，男人的寿衣采用清朝服饰，但富贵人家的女人仍可采用明朝的凤冠霞帔。除了寿衣，同时还要准备铺盖物品。

6. 准备孝服。本宅孝服下摆秃茬，亲戚的下摆收边。

7. 找棚铺。有钱人家还要搭几座席棚：经棚挂水陆画十张，画有十殿阎君，供僧道念经用；客座棚挂挽联、祭幛，供亲友休息；灶棚供应茶饭。大户人家门前还要用松柏枝、素色绸布搭牌坊。

8. 找扎彩铺定做纸活，也叫“烧活”，故去的是男性扎一匹白马，女性的扎一头黄牛,死者年过花甲的还要再扎一抬纸轿。“烧活”品种很多,如男女仆人、金山银山、房屋家具,除了纸的,还有彩绸、彩绢的。

9. 安排服务人员。过去天津专营此业者叫茶行,他们熟悉丧事的礼仪程序,专门承担接待工作。

10. 订灵堂的各项用品。有白货铺可订灵桌、供盘及出殡的各种仪仗执事,还要租马车、白轿,购置各种丧葬用品。

还有一些旧丧俗极富封建迷信色彩,但在旧社会却很流行。这里只是记载,绝不提倡。

小殓:以民国时期老人为例。老人咽气之前,亲属站立两旁,开始进行小殓(为老人理发、刮脸、净身,女性要梳好头),穿寿衣。在穿寿衣的同时,两旁儿女的眼泪不可以滴到寿衣上。

领香:人一咽气就点燃一炷香,从屋里走出大门扔到街上,再将遗体从床上移到吉祥板上,脚要顶墙,墙上面要挂纱帘。然后由“大了”在亡灵口中放一枚金钱(或铜钱),据说从阳间到阴间要乘船过阴阳河,这钱是付给船夫的船费;在其袖内还要放一个烧饼,脚下放两捆整打的烧纸;还要在左手放一个金元宝,右手放一个银元宝。

设灵堂:灵前的灵桌正中放死者遗像,桌上放香炉,将一支香的两头点着横放,叫“倒头香”。香炉内点三支香,快烧完时再点燃三支。两旁蜡扦点白蜡烛,油灯要长明不能灭。入殓前供桌不摆饭食,桌前摆火盆。老人咽气的时候,由其儿女在火盆内烧几张烧纸,口中念叨“爸爸(妈妈)拿钱来吧”。入殓前烧纸一张张地烧,入殓后卷成卷烧。

穿寿衣:男性共穿七件——单布裤褂一身,月白色圆寿字的棉裤袄一身,蓝绸寿字长袍一件,绣花平金袍一件,素色褂子一件。寿衣的上衣都没有领子,不钉扣袢,头上戴红缨子官帽,脚穿棉袜子、朝靴，戴朝珠。女性也是七件——布裤褂、棉裤袄、大棉袄、氅衣、裙子，头戴风冠，身披霞帔。此外，还有莲花坠、如意簪、九连环以及镶珍珠耳环一副，富贵家都是赤金的。

穿孝：儿女穿粗白布孝服，男子戴孝帽子，帽子上有金钱及麻缕（披麻戴孝），女性要系头带子，鞋上要绷白布，但后面钉一块红布，寓意给后代“留福”。孙男孙女要分别在孝帽子和绷鞋布上缀上一枚红绒球，曾孙辈分的红绒球应为两个。

贴门报：用白纸写“恕报不周”四个大字，下款注明“×宅之丧”，贴于门旁以免未通知到的亲友不满。发报丧帖，用素色纸写上：家老爷或老夫人×××，于×年×月×日寿终正寝，订于×年×月×日大殓，特此奉闻。如果亲友多，也可印制若干份，派人分送亲朋好友。后来有了报纸，就在报纸上发个讣告，讲究的人家还要立丧榜。

立“佐钱纸”：用木棒挑白烧纸，烧纸剪成三段相连，下端剪成尖头形的，死者为男性，剪成凹形的，死者为女性。按死者年岁而定条数多寡，按死者性别（男左女右）摆放门旁。有的大户人家还立幡竿，但死者如有父母在世的是不能立的。

长明灯：过去是主家门前挂白纸灯笼，内点白蜡烛，不等燃尽就换新蜡，昼夜不熄。后来有了电灯，也是二十四小时不可关灯。

送路：出殡前一天的夜晚，由亲友拿着纸牛或纸马、纸轿子、纸人等，由僧道奏乐前导，其他人分别拿着一支点燃的香随后，一起走到十字路口点燃纸活，家人按照辈分跪成两列，面向火堆磕四个头，然后从另一条路返回。途中所有人不可以回头。送路的时候天上有星星和月亮为好。

入殓：选好吉时，吹鼓手奏哀乐，孝子抱头，孝女抱脚，杠房的人用白布兜中间，将亡者放入棺内。棺内下铺黄绸寿字棉褥子，上盖白绸寿字寝单一件，叫“铺金盖银”。另备海被一件，海被上边有一圆孔,可将亡者脸部露出。上面再盖陀罗经被一件,是黄绸做的,上面印有佛像及往生咒,海被的四个角压上钱币。再就是头枕、脚枕也都用黄绸做的,绣有莲花叶。棺内放入随葬物品,用银针蘸清水在亡者脸上虚画一下叫“开光”,再用棉花蘸水擦脸,用新棉花围在脸部叫“开脸”。然后家人向遗体告别。茶房问“还有哪位看”,无人应时杠房的人盖上子盖,刷漆密封,再放上大棺盖,全家举哀大哭。

入殓结束后,到发引、安葬,还有大量工作要做:

烧包:首先确定棺材在家停放时间,以七天为“一七”,短者“一七”,长者“七七”,如盛夏则不宜久存,以防尸体腐败。烧包是用白纸糊个大袋子,剪出许多小孔,内装金纸、银纸叠的元宝,袋口插一朵红纸石榴花,七天烧一次,“一七”(“一七”又被称为“头七”,指人去也后的第七天)烧一包,“二七”烧两包,以此类推,直到“七七”。

烧期纸:入殓后,天亮烧鸡鸣纸,天黑烧黄昏纸,早晚要在灵桌上供饭,然后每6小时烧一次纸,并且口中要念叨“爸爸(妈妈)拿钱啦”“保佑全家平安”之类的吉祥话。

发哀启:这是正式印刷的讣告,有固定格式,一般首页是死者遗像,后面有许多名人题写的像赞、挽联、悼词、颂诗,然后是死者的传记,载明其诞生与死亡的年、月、日、时,并宣告启灵家祭、开吊候奠、成主候奠、修经发引等每项活动的日期时辰。亲友收到后就可按时参加。

唪经:未发引前每期都要念,有僧道禅尼各种经,有主家出钱雇的,也有亲友们出钱送的。过去天津有个习俗,就是成殓后第三天不用僧道禅尼,要请一棚“师傅经”。“师傅经”是天津的民间宗教,有天地门、太上门、混元门等门派,最高级的经师是天后宫和玉皇阁的道士,只为上层社会的人服务,价格昂贵,普通人家请不起。其中走金桥过银桥时要搭起比房还高的法台,升座仪式繁琐,十三位道士身披华丽的道袍,分列上中下三层,一个个长须飘然,仙风道骨,宣十王宝卷,令观者如临仙境。

点主、祭门:天津讲究文官点主,武将祭门。先为死者做一灵牌,只要白茬,不能刷漆,灵牌上写着死者名讳,下有“神王”二字。请一位现任文官做点主官,在院中搭拜台,由点主官蘸死者长子中指的一滴血,再蘸朱砂墨,在神王的“王”字上点个红点,变为“神主”,这就叫点主。这位点主官地位越高,丧主家越荣耀。西窑洼住的刘春霖是位状元,大户人家愿出高价请他点主。点主完毕把灵牌放在桌子正中,再由一位武官祭门。司仪喊“虎威”,有两个孩子在里面把门打开,武官登台。有人敲响悬磬,拜台后的“小吹”奏乐,武官第一个祭灵牌,拜台两侧有本家穿孝服跪着赔礼,然后客人们再上台祭灵,也叫“辞灵”。

伴宿:发引前一夜要念经奏乐,子女们围着棺材哭,女眷还要糊“封筒”(一种长方形纸筒,里面装金纸、银纸叠的元宝和烧纸),直到后半夜才休息。

亮杠、捡罐:这是发引前一天的准备工作。亮杠是在门外空地摆好大杠。捡罐是用一个小瓷罐装上五谷杂粮,罐口放个苹果,盖上红布,用红绒线捆成网格,放在棺材上,这是给长房儿媳妇准备的。

发引:就是出殡。早晨先吃早饭,孝子站着吃,表示寝食不安。饭后僧道吹鼓手都到灵前演奏,叫“参灵”。将棺材抬出放到大杠上,大帽拿招魂幡念经,孝子跪在杠前,前面放一块砖。杠头指挥打响尺,说“请盆”,孝子端起瓦盆往砖上用力一摔,将盆摔碎。这时放三声响炮,孝子一手拿哭丧棒,一手抱幡,由茶房搀着出发。出殡的顺序,前边一对大纸人叫“开路鬼”;其后是大锣、肃静牌、回避牌,有地位的人物有六个大座,就是铭旌、诰封亭、影亭、炉亭、花亭、灯亭,每个大座都是十六个人抬着;还有许多仪仗,如彩旗、雪柳、宫扇、串灯、香炉、香谱、万民伞等;中间夹着僧道禅尼,各种吹吹打打;还有专撒纸钱的,扔得满天飞舞。接着是亲朋好友送殡的队伍。后面才是棺材。早年出殡是抬棺材,按棺材轻重和主家财力大小有十六杠、二十四杠、三十二杠、四十八杠、六十四杠之分。要安排两拨杠夫,累了换班,如六十四杠的,就得用一百二十八个壮汉。民国时期有了灵车,由两匹骏马拉车,车内放棺材;车外有白缎子绣兰花的棺罩,上边四面有蓝色流苏,素雅大方,也有用蓝缎子绣白菊花白流苏的,显得庄重脱俗。抬杠的只管把棺材装上车,到坟地再卸下就可以了,大大减轻了杠夫的劳动强度。棺材前有红罗伞和半副銮驾,棺材后有半副銮驾,最后才是内眷们乘坐的白轿和马车。出殡的人数中等规模也有几百人,出大殡就有几千人。

路祭、留灵谢客:坟地大多都在郊外,路途遥远,走出几里地,路边就有亲友送的祭棚,桌上有死者遗像和祭席,送殡者行礼,孝子还礼,此为"路祭"。再走一段就可停下,由孝子向送殡者跪拜致谢,送殡者即可离去,此为"留灵谢客"。一些仪仗也不再前进,只有雪柳、铭旌、纸活随从。路途较近的,棺木仍由杠夫抬,较远的可用马车,本家人的车、轿跟随去墓地。

下葬:到了墓地,已提前有人打好墓穴。棺木卸下放入墓穴,长房媳妇从离家一直抱着的罐要放在棺材前,然后用土掩埋。待坟头高出地面后,孝子们象征性地再加几锹土,将各种纸活、花圈、纸盘、封筒等都烧掉,就全体返回,叫"回灵"。回到家,门前放着火盆,每人都要"迈火",即从火盆上迈跨过去,再由一位"全科人"发给每人一块糖含着。到了死者屋中,已布置好白围桌,桌上有亡者遗像,点烛上香,孝子们再磕头,叫"安灵"。

尾声:葬后三日清晨,全家主要成员再去坟地祭奠。这时已有专人将坟土夯实并堆起坟头,有的人家已立好墓碑、石桌,可以点上香烛，烧些烧纸、金银锞。请一位穿红衣的小女孩围着坟转三圈，叫“开财门”。回家后就可以脱去孝服了。此时家中已蒸好一屉红糖馅馒头，每人拿一个趁热吃，名叫“手抓个热馒头”。至此，全套丧葬仪式才算结束。

岁时民俗具特色

· 过年祭祖

我国有些传统节日会举国欢庆，如春节、中秋节等。也有节日用来寄托哀思，如清明节。我国有56个民族，各民族生活习俗不同，过节的习俗也有很大差异。以天津而论，市区和郊县也不尽相同。

下面仅就老城里一带早年岁时习俗逐月简述。

1. 正月：初五以前妇女不动剪刀、不做针线活；整个正月不买鞋、不理发；家里年前办过丧事的不拜年。吃饭也有口诀："初一饺子初二面，初三饸子往家转。"

初一早晨要贴上新灶王爷。因为除夕守岁一夜没睡，这一天只在邻里间互相拜年不远行。初二敬财神，旧俗"进财水"。早晨挑水工叫门喊"送财水来了"，挑着的水筲里有少半桶水，手拿一小捆芦苇用红绳扎着，上贴红纸写着"十足黄金条"。主家收下后要给比平日一整挑水还要多几倍的钱，就为图个吉利。天津近几十年形成的新风俗是初二回娘家，丈夫要带着礼品登门给岳父岳母拜年，故称这一天为"姑爷节"。初三要早关灯睡觉，传说初三夜间老鼠娶亲，关了灯让老鼠什么也看不见，就成不了亲，老鼠会逐渐减少。初四送神日，传说除夕全神下界来到人间，早晨要祭拜神像。初四有个"妈妈例儿"，说灶王爷初四查户口，如果外出会被遗漏，因此得不到保护。这其实纯属无稽之谈。主要原因是初二、初三各处拜年走动有些劳累，初四适宜休整。初五旧称"破五"，要吃饺子，家家剁饺子馅，旧俗叫"剁小人"，包饺子时要用力捏严，以免煮时露馅，叫"捏小人嘴"，防止恶人背后说坏话。又说初五是财神爷生日，各商店要大放鞭炮迎接财神，这一天很多商店都开门营业。初六送穷日，祭拜厕神、穷神，将自除夕积累的粪便污物都打扫干净扔向远方。初七为"人日"，据说远古时期女娲娘娘在这一天创造出人类，有的人家吃捞面庆贺。初八是顺星节，过去有的人家要祭星，夜晚点油灯碗从门口摆到屋内，最少点九盏。大户人家屋子多，以九的倍数增加，最多一百零八盏。夜晚星星出齐后，全家祭拜星宿。本命年的人要拜本命星宿，叫"拜太岁"，还要穿红兜肚，扎红布腰带，穿红袜子。直到油尽灯灭，才能开灯。初八、初九还要吃饸子，俗话说："饸子加八越吃越发，饸子加九越吃越有。”传说初九是玉皇大帝的生日，玉皇大帝要下来巡视，这天忌晾晒衣服，尤其是女人的内衣、内裤。到了十一也有吃饸子的，叫“饸子拐弯”。

正月十五，俗称“灯节”，道教称上元节。因为这一天人们都吃元宵，又叫元宵节。在清代，天津最繁华的商业街是估衣街，白天许多民间花会都到估衣街“踩街”，老城里人都出城看会。入夜，估衣街挂出各样花灯，亮如白昼，还贴出灯谜供人猜，猜中者有礼品赠送。还有人燃放各种花炮，天空被映照得五彩纷呈，平时难得一见的盒子灯在这个时候也能看到。为了方便人们出城看灯，正月十五这一天四面城门夜间也不关，人们可以随意进出。正月十六妇女出门探亲或游逛，叫“走百病”。

立春：立春也叫“打春”，是二十四节气之一，表示严冬即将过去，春天即将来到。每年立春的日子不同，有时在春节前，有时在春节后，但肯定在六九之前。俗话说“春打六九头”。立春有“咬春”的习俗，要吃紫心萝卜、春饼和春卷。

二月：二月二，龙抬头。天气渐暖，冬眠的动物要出来活动了。天津的习俗是吃烙饼、煎焖子，蘸调好的麻酱汁、蒜末。这天理发馆会特别忙碌，男人整个正月没剃头，这天要“剃龙头”。妇女在这一天不动针线，怕扎伤龙眼。

三月：每逢三月三，文人均到西北城角的文昌宫祭祀文昌帝君。穷人捡了字纸送到文昌宫，在炉中焚化，庙中会招待饭食。农历三月二十三是天后诞辰，民间皇会活动的定义时间是从农历三月十五开始到农历三月二十三止，共历时九天。十六日、十八日、二十日、二十二日四天开展各种行会表演和天后出巡散福活动。这是天津最大的庙会，1936年以后停办。三月还有清明节，是祭典死去亲人的日子，人们都要到自家的墓地去扫墓，不限定清明当天，而是清明前后二十天内均可。除了清明节，还有一个逐渐被人们遗忘的节日——寒食节，是在冬至后第一百零五日，大约在清明节前一两天。该日禁烟火，习俗有祭祖、插柳、踏青、赏花、咏诗等。中华人民共和国成立后，很多地区把寒食节与清明节等同了起来，在同一天过，天津也如此。

四月：四月城隍诞辰，城隍庙会是在每年的农历四月初一到初八举行，初六、初八城隍两次出巡，有许多民间花会参加，过去在天津是规模仅次于皇会的一大盛会。二十八日药王诞辰，津西峰山药王庙举办庙会，老城里的居民纷纷骑驴、坐马车赶去参加，周边农村的许多民间花会也都去拜庙，还把药王爷放入轿内抬到街上，叫“药王出巡”。

五月：五月初五为端午节，要在门前插艾草，吃粽子。传统的粽子有江米小枣的和江米豆沙馅的。过去，亲友间还相互馈赠五毒饼，五毒饼可到糕点店去买。五毒饼的做法和月饼相似，有模子，上有蝎子、蜈蚣、蛇、壁虎、蟾蜍五种不同图案，每五块装一盘。这一天还要给孩子佩戴老虎褡裢，小男孩戴老虎帽，穿老虎鞋。戏院也会上演《白蛇传》《五毒传》等应节戏。旧俗说“大旱不过五月十三”，传说五月十三是关公磨刀的日子，这天常有阴雨。

六月：农谚说“六月六看谷秀”，到了老城里看不到谷子秀穗，演变成“六月六看古绣”，这天要把存放的衣服拿出来晾晒，故能看到精美绣品。据说在这天晾晒过的衣物书画不易生蛀虫。过去铃铛阁是藏经阁，收藏有许多珍稀版本善本书。每到六月六这天，铃铛阁会把藏书拿到院中摆放在桌上晾晒，供士子翻阅，文士们纷纷到铃铛阁去看书，后来铃铛阁失火，藏书全部付之一炬。

七月：七月七是中国古老的“情人节”，牛郎织女相会之日。这一天戏院多上演《天河配》。七月十五是民俗中的“鬼节”，为祭祀亡人之日，佛寺、道观均举办法会道场，到夜晚放河灯、烧法船。立秋日一般也在本月，习俗是吃西瓜、香瓜等瓜类，叫“咬秋”。

八月：八月十五为中秋节，有吃月饼的习俗，并以月饼馈赠亲友。这一天，家家户户合家团聚，夜晚赏月吃蟹。旧俗还有祭拜月神的仪式。夜晚当月亮升起时，对着月亮摆上供桌，中间放月神，又叫太阴星君，前面放香炉，两旁烛台点燃蜡烛，摆上水果、月饼之类的供品，由家庭主妇率领全家女子焚香跪拜，求其保佑家宅平安。有说法是“女不祭灶，男不拜月”，不过男孩子可以随母亲参加。拜完月孩子们还可以玩“螃蟹爬月”的游戏，就是点亮小蜡烛放在螃蟹盖上，让螃蟹满院爬，孩子们追赶着，把爬远的螃蟹捉回来，全家欢欢喜喜，其乐融融。八月二十七为孔子诞辰纪念日，文人聚于文庙祭孔，叫“秋祭”。

九月：九月初九为重阳节，也叫老人节，这天吃年糕，又是登高之日。但老城里无山可登，人们多到玉皇阁去登高，在院内攒香堆积如塔，可燃一昼夜。

十月：天气渐冷，天津的习俗是十月初一为死去的亲人烧纸制冥衣，叫“送寒衣”。

十一月：冬至日在本月，文人绘“九九消寒图”，用以“数九”。

十二月：为腊月，凡有经济往来的商家或普通人家，均要清理账目，欠款应于腊月三十之前还清，不能拖欠。对经济有困难的人家来说，过年面临还债，如同过关，故称“年关”。常有人因无能力还债而逃避躲藏，直到除夕夜十二点过了才敢出来，因为按习俗正月初一到正月十四不再追讨欠债，正月十五才开始继续讨债。所以俗语有“躲得过初一，躲不过十五”的说法。腊月另一陋俗是送“节礼”，即下级要给上级送礼，都是送现金。而各脚行则派专人到有业务往来的客户家里去讨要“节礼”，要交现金，给少了不行，近似勒索。脚行的头目背后往往都有帮会势力支持，是旧社会上的一股恶势力。正经商人惹不起他们，只能就范。

春节又叫过年，为区别于公历新年，也叫阴历年，是一年中最重要的节日。农历十二月又称腊月。过去，一进腊月人们就开始筹备过年了。首先是年货市场准备货源，如浏阳的鞭炮、杨柳青的年画等，摊贩每年要在年货市场预占摊位。清代早中期，年货市场设在北大关，到清晚期移至天后宫及宫南大街、宫北大街（现在的古文化街）。自腊月初一起，这条街的墙上便贴满了占地红纸条，上写"年年在此"，并陆续有年货摊营业。到腊月十五，整条街除商店大门口已无空隙，俗称"腊月十五上全街"。老城里的居民都要逛娘娘宫，就是采买年货，有俗语为证："闺女要花，小子要炮，老头买顶新毡帽。"天津还有旧俗，舅舅要给外甥买鱼形的灯笼，寓意为年年有余。每逢过年，每人都要做新衣服，年轻的女人过年都穿一身红。穷人做不起新衣服，也要买"袋色"把旧衣染新。自从拆除城墙后，北马路的东段商店很多，有不少是外地人经营的。腊月十五以后，外地商家陆续停业返乡过年，店铺出租，西郊花窖便在此租门脸出售鲜花，所以北门以东成了临时的鲜花市场。

腊月初八俗称腊八，是佛祖释迦牟尼成道日，天津习俗是喝腊八粥。从清晨起，寺庙及富户都要熬许多粥，免费施舍给穷苦人，以结佛缘，口呼："缘了！缘了！"粥要用多种米、豆、大枣等加糖慢火熬成，又甜香又浓稠。此外，还有制腊八醋的习俗，春节晚上吃饺子蘸的就是这腊八醋。

腊月二十三，俗称小年，从这一天起，家家开始忙碌起来。天津有民谚形象记录了从这一天直到除夕人们奔忙的情形："二十三灶王爷上天（也叫二十三糖瓜粘），二十四扫房子，二十五糊窗户，二十六炖大肉，二十七宰公鸡，二十八白面发，二十九贴倒酉，三十夜里坐一宿。”

“小年”要买糖瓜，这是一种饴糖制的白色大糖球。从前，天津做饭不用煤，每家都在屋里盘个灶（天津俗称“锅腔子”），烧柴火做饭。旧俗灶台的墙上一般供着灶王龛。灶王在民间被认为是一个家庭的保护神，也是监察官，监督全家的善恶行为。腊月二十三这天，灶王要回到天上去汇报。据说灶王喜欢吃甜的，所以用糖瓜祭灶。天津旧俗又有“女不祭灶，男不拜月”的说法，所以二十三这天晚上，由男主人揭下灶王，先用糖瓜蘸清水按在灶王嘴上，再点火焚化，口中念叨“好话多说，不好话别说”。寓意用糖瓜将灶王的嘴巴粘上，请他上天只言好事，为大家降下吉祥。同时将一小碟草料泼入火中，清水泼在地上，这些是给灶王骑的马准备的。这一民俗寄托了劳动人民祛邪、避灾、祈福的美好愿望。

“二十四扫房子”，就是全家动手大搞卫生，做一次全面彻底的大扫除。

至于“二十五糊窗户”，是因古代普通人家窗户大多都是纸糊的，经过一年的风吹雨淋已很陈旧，一年下来要糊新纸。民国以后，有人把“二十五糊窗户”改成了“二十五磨豆腐”，实际上天津人并不自己磨豆腐，都是买豆腐。

“二十六炖大肉，二十七宰公鸡，二十八白面发”，这三天都是为年三十的团圆饭作准备。

“二十九贴倒酉”包含的内容很多，有春联、窗花、吊钱、年画、门神等，年货市场都能买到。年画就有许多种，早年盛行贴杨柳青的木版年画，以胖娃娃画最有特色。民国时期胶版年画印制精美，逐渐占领年画市场。贴门神也有讲究，外面大门贴的是秦琼和尉迟恭，新婚夫妇的屋门则要贴一对麒麟送子，水缸的墙上要贴“缸鱼”——一条鲤鱼如在水中游动，上写“年年有余”四字。春联，有的人家买写好的，也有的人家根据需求定制，因为贴的地方不同，写的内容要与之适应，如马车上贴的是“车行千里路，人马保平安”。除贴对联，还贴福字，箱子上贴“黄金万两”“招财进宝”“日进斗金”等，大门对面贴“出门见喜”，高处贴“抬头见喜”或“吉星高照”。窗上贴的窗花有聚宝盆、喜鹊登梅等吉祥图案，门上玻璃贴的有肥猪拱门或金马驹。吊钱上也多刻有“合家欢乐”“吉庆有余”等四字吉言。

腊月三十是一年的最后一天，也就是除夕。这一天除了做饭外，人们不再劳作。全家人都换上新衣，女人还要戴花，有绢花、绒花，还必须戴一朵纸制红石榴花。全家老少齐聚一堂，欢声笑语。这一天忌说“死”“坏”等不吉利的话；拿东西要格外小心，万一摔碎了物件要说“岁岁（碎碎）平安”。除夕夜旧俗是全家要祭拜祖先，还要拜“天地君亲师”的牌位，大户人家有佛堂供有“全神大衹”的还要拜全神。虽有迷信色彩，但也寄托了人们祈求家宅平安的愿望。院中用红纸糊上一口缸，写上“聚宝盆”，缸里插许多芝麻秸，剪许多金元宝贴上，叫“摇钱树”，也是希望全家兴旺、财源广进。这一天，人们晚间12点之前不睡觉，叫“守岁”。晚饭后，孩子们点亮各式灯笼上街游玩，用童谣召唤着邻家孩子，“打灯笼烤手了，你不出来我走了”，在热热闹闹的氛围里，人越聚越多，形成长长的队伍，好似一条长龙，成为除夕夜一道独特的风景。夜间零点，是除旧迎新之时，要大放鞭炮，吃素饺子，叫“一夜连双岁，五更分二年”。自家晚辈开始给长辈磕头拜年。大人要给孩子发红包，叫“压岁钱”，祝贺孩子又长一岁，也祝愿孩子们在新的一年里健康成长、平平安安。

城隍庙会好热闹

· 府城隍庙

旧时天津有三大庙会:第一个是庆贺天后妈祖娘娘诞辰,叫“皇会”;第二个是庆祝天津城隍爷的诞辰,叫“鬼会”;第三个是庆祝药王爷诞辰,在津南峰山药王庙举行,叫“蜂窝庙会”。天津的城隍庙位于城内西北隅,城隍庙会是老城里非常盛大的民俗活动。

城隍庙的由来

城隍是中国民间信仰的一位神灵,城市居民把他看成是城市的保护神,自宋朝以后对城隍的祭祀活动已很普遍。到了明代,开国皇帝朱元璋更是崇信城隍,洪武二十年颁旨全国,凡有城之处,必须建城隍庙，庙的形式类似官署衙门，而城隍就是掌管全城阴灵的行政长官；还规定知府、知县这种地方官上任三天内，必须到城隍庙去祭拜当地城隍。这样一来，建城隍庙就从民间信仰上升成官方行为了。所以天津自明永乐二年设卫，永乐四年就在老城里的西北角建了城隍庙。到了清朝，沿袭明制，雍正时期天津升格为府，下设天津县，老城里有府署和县署两个衙门，于是把城隍庙也相应地扩建成府、县两座相邻的城隍庙，东边是府城隍庙，较大；西边是县城隍庙，略小。两庙均有道士管理。

全国各地的城隍并非虚拟之神，而是由受当地人民敬仰的古代贤臣担任，如北京有文天祥、上海有秦裕伯、广州有海瑞等。天津的城隍，据庙中道士讲是唐朝名相裴晋公。由于各地城隍不同，诞辰自然不同，庙会也不在同一天。为纪念城隍延辰，天津每年四月初一至初八在府城隍庙举行庙会。下文提及的城隍庙均指府城隍庙。

府城隍庙的整体布局

进了天津城的西门，路北的第一条大街就叫城隍庙大街。在路口立有一座牌坊，牌坊的南面有四个大字“彰往察来”，北面也有四个大字“群灵托命”。这条街长 291 米，宽 4 米，路西有城隍庙一条胡同到五条胡同，均通到西马路；路东有城隍庙大胡同等支巷。城隍庙大街南口在西门里大街，北口与府署街相交，庙前是广场，立有一座牌坊，南面写有“仰瞻圣德”四字，北面写有“福庇众生”四字。庙门前有一对石狮和一对旗杆。府城隍庙院内有穿心戏楼，下面可以通行，上面可以演戏。戏楼上有清代天津名士梅宝璐先生题写的对联，上联是“善报恶报循环果报早报晚报如何不报”，下联是“名场利场无非戏场上场下场都在当场”。过了戏楼，院中东有钟楼，西有鼓楼，中间是大殿。大殿前有月台，月台上有石雕护栏。院中有长方形水池，上有两座小桥，分别叫东水桥和西水桥。殿前正中有块牌匾，上写“你可来了”，两侧有一副对联，上联写“为人果有良心何用你初一十五烧香点烛”，下联书“作事若昧天理须防我半夜三更铁练钢叉”。进了大殿，正中供二座神像，中间是城隍爷，左为药王爷，右为地藏王菩萨。大殿后面有后楼，上下两层共五间，原为庙内道士们居住生活之处。在大殿和后楼之间还有一座寝殿，是城隍爷的卧室，内有城隍卧像。两旁的偏殿供有掌管地狱的十殿阎君，墙上的壁画表现的是地狱图，非常恐怖。殿内有各种造型的小鬼。据说从前这些小鬼为能工巧匠所制，殿内装有控制机关。如果有人不小心触碰了机关，小鬼的四肢就会动，曾经有人被吓死，于是关闭不许参观了。

庙会的“座会”

过去，每年农历四月初一至初八举办的庙会，实际上从三月下旬就开始筹备了。先由庙里的道士邀请城里的社会名流组成“接驾会”，共同议定会务工作，内容包括“座会”“行会”、商贸活动、行会路线、节目顺序、经费筹措以及茶棚、设摆、护棚、安保等工作。

该庙会主要分“座会”和“行会”两大部分。

“座会”就是在庙院内及庙门前的广场搭设几座席棚。第一座是供卫安水局使用的“水会棚”，中间供火德真君，棚中摆出水机、水筲等救火工具，全体武善分班值守，负责会期的消防安全。第二座为“皂班灯棚”，由府衙和县衙派出差役组成，从事大会的治安管理，维持秩序。清末民初则由警察署派出警察，组成临时派出所。第三座是“同善茶棚”，由鞋行同业公会承办，负责来宾的接待及茶点供应。这三个棚都是搞后勤服务工作的。另有两座棚是供参观用的，一个叫“老茶棚”，棚内陈列有高级硬木家具和各式精美屏风，四面挂着名人字画，棚顶挂有各种各样的宫灯、吊灯，五光十色，精美绝伦。还有一座叫“大棚”，陈设各种珍贵文物、稀世珍宝。这座棚搭得最气派，里面方砖铺地，外有消防设备，昼夜有专人守护。棚内的陈设和展品都是向名门大户和著名收藏家征集和借用的。有的大户人家希望利用这个机会展示自己的藏品，抬高自己的社会地位，因此他们各处搜罗奇珍异宝，到庙会上展出，过去天津人又称之为“斗宝会”。戏楼上也会摆放一些古玩和玉雕，后楼的院中则会摆放各种奇花异草、山石盆景，把一座城隍庙打扮得美不胜收，引得满城民众争着来逛庙，为的就是一饱眼福。“座会”还有个内容就是戏曲演出，从四月初一到初八每天在戏楼上演出昆曲，而后楼上则由音乐名家演奏“天津十番”，过去严修等名流每年都要组办十番乐的演奏并到场欣赏。

庙会中的“排衙”

四月初一开庙门，庙会拉开了序幕，城隍庙大街两侧排满了摊贩，吃喝玩用各种小商品、小食品应有尽有。最受孩子们欢迎的是卖假面具的，材料是用纸浆糊制的，再彩绘各种鬼怪脸谱，俗称“鬼脸儿”。大人们给孩子买个鬼脸儿，再到玩具摊买上件木制的刀枪棍棒。孩子们头上戴着鬼脸儿，手里舞刀弄棒，蹦蹦跳跳的就会十分开心。庙会期间，庙内的大院有许多古玩摊，形成了临时的文物市场。庙外广场有许多江湖艺人在献技，耍猴的、变戏法的、打把式卖艺的，最有特色的是拉洋片的。各种拉洋片的都要到城隍庙来，有上拉式的，有下放式的，有左右两像重叠成为立体图像的，还有用胶片放的无声电影。各式洋片大比拼，非常热闹。而专程烧香祈福的、拜香还愿的善男信女，更是络绎不绝。大殿前的香炉整天烟雾缭绕，道士在大殿里放了大笸箩，口中不断喊着“烧香别忘撩香钱”，人们一把一把地往笸箩里扔着铜钱。据说一天收的铜钱一麻袋都装不下。还有滚砖还愿的、跪香还愿的，因有迷信色彩，就不多描述了。

“座会”还有个重要活动叫“排衙”，也是很有特色的节目。先在大殿门前设一宝座，再在前面放上公案，上面摆放大印、令箭、惊堂木和笔墨纸砚。然后举行升堂仪式，完全仿照知府升堂理事的顺序来表演。三班衙役穿戴整齐，抬出一尊城隍放在宝座上。这尊城隍不是大殿里的泥塑城隍，而是专门编制的轻便的藤胎城隍。升堂过程十分严肃认真。城隍就座后，所有参加庙会的各道花会由会头率领按顺序朝拜。城隍还要升堂审案，由差役扮成鬼役，手拿拘魂牌，将罪犯披枷带锁拉上堂来，跪着交代在阳间所犯罪行，由城隍当场宣判。处理得公正，观众会报以热烈掌声。当然，审案的城隍是由人装扮的，他事先藏于宝座后面，如同演双簧，在后面假扮城隍说话。这个节目让人们亲眼目睹了知府升堂审案的过程，目的在于警戒世人，劝善惩恶。

“行会”中的出巡和赦孤

四月初八是庙会高潮，这天有两个重要程序，一是出巡，二是赦孤。出巡在白天举行，非常热闹，比真正的知府外出还气派。前面

· 城隍庙会

有全副执事开路，鸣锣开道，彩旗飘扬；后面紧跟着肃静牌、回避牌、官衔牌；再后面差役手执鸭嘴棍、黑红棍；接着是高照、提炉、盘炉、顶马、日罩；还有中幡、狮子、法鼓、秧歌、重阁、杠箱、高跷等几十道民间花会夹杂其中；然后由接香会抬着香锅，接沿途观众敬的香；再后面才是“鬼会”。“鬼会”最前边是一个人打响鞭，后面是纸扎的两个极大的开路鬼，再后边是几个“红犯”。“红犯”由几位年轻妇人扮演，她们都身穿红衣，下着白裙子，叫“罪衣罪裙”，扮相如“女起解”里的苏三；虽然披枷带锁，那枷和锁却十分华丽，是到银楼定做的银链、银锁；走路要讲究身段优美，面部表情要悲悲切切，表演好的，观众就给鼓掌喝彩。每个“红犯”后面还跟着男女仆从，有的挑茶挑子，有的挎点心盒子，有的拿椅子，走一段累了就坐下喝茶吃点心。“红犯”后面是一群男鬼，有牛头、马面、黑无常、白无常、大头鬼、小头鬼、无头鬼、酒鬼、色鬼、财迷鬼、气迷鬼、穷鬼、饿鬼、丧气鬼、倒霉鬼等，一个个神头鬼脸，但服装、面具都非常讲究。原来这些鬼怪也都是富家子弟装扮的，都带着仆人，随时坐下休息吃喝，累了就让仆人代替自己扮鬼。这种玩闹似的“鬼会”和西方国家的万圣节有些相似。最后才是城隍爷的神轿，跟随神轿的是侯家后的“五都魁会”。

出巡路线：出庙门，走城隍庙大街，到西门内大街，东行经鼓楼出东门，到东北角经单街子、估衣街、针市街、太平街、慈惠寺大街、掩骨会，到西营门外为止。这一天沿途看会的人山人海，盛况不亚于出皇会。

赦孤活动：“鬼会”走到西营门外，天已然黑了，这里民宅极少，尽是坟地，有许多无主的坟叫“乱葬岗子”。“鬼会”点起绿油灯，阴惨惨如同鬼火，把神轿抬到“四座坟”或“白骨塔”停住，放下宝座，将城隍从轿内请出，放在宝座上。然后“五魁”上场。“五魁”由五位身材高大威猛的壮汉来扮演，他们身穿戏装，满身盔甲，如同大将军，脸彩绘成大花脸，手持钢叉。这“五魁”先到城隍那里接受命令，然后把手里的钢叉摇得山响，分头在野地里四处奔跑，嘴里呼喊“有冤的报冤，有仇的报仇”，然后告知孤魂野鬼，城隍已赦免其罪恶，命其赶快离开人间，不许留在人间为患。赦孤结束，再将城隍放回神轿，然后经西关街返回城隍庙。

城隍庙的变迁

1903 年，城隍庙内成立了天津城隍庙官立两等小学堂，这是天津第一个官立小学。城隍庙改做小学，只是占用庙的一部分，庙内仍有老道住持，每月初一、十五仍然开庙门接待香客。每年庙会期间学校无法上课，只能停课放“庙会假”。

在府城隍庙的大殿和寝殿之间有个东配殿叫鲁班殿，民国初期为天津消防队占用，叫“天津消防第一驻在所”，在院内设了一个观察火灾的瞭望斗，把庙门口牌坊上的“仰瞻圣德”四字去掉，改写成“天津消防第一驻在所”。而城隍庙的后楼为警察占用，称“南五区警署”。住持的老道依然住在庙中。就这样，城隍庙既是道观又是学校，还有警署和消防队，四个单位互不统属，各行其是，城隍庙如同一个大杂院。1921 年举行了最后一次庙会，此后没有再举行过大型庙会。

1934 年，城隍庙又发生了一件轰动津城的大事，就是“城隍娶亲”。有个李姓富商之女，病重时发高烧说胡话，说城隍要娶她为妻，不久病故。于是李家找到庙中老道，提出要为城隍和她女儿举办一场隆重的婚礼，费用全部由李家承担。老道大喜过望，当即应允，选定良辰吉日，并在庙门外贴出公告。这个消息轰动了津城。李家出资把寝殿当做洞房，装饰得富丽堂皇。到了那一天，全城的人都来看城隍奶奶，一时间城隍庙香火大盛。

中华人民共和国成立后破除迷信，自1950年起城隍庙就断了香火，1951年建立城隍庙小学，后改名为西北角小学。但年纪大些的人还是习惯叫城隍庙小学。1952年，道士李智深将全部庙产捐给了学校。1961年困难时期，院中空地还曾种过蔬菜。后来大殿拆除，改做府署街中学的运动场。“文革”时期，庙前的石狮被砸碎。至此，旧城隍庙已面目全非，仅有后殿那排两层楼保留到了2003年，后被拆除。

移风易俗新礼仪

过去，城里的大户人家婚丧嫁娶都要大操大办，奢靡成风，而且旧的婚丧礼仪又有许多迷信色彩，所以自清末起一些有识之士就主张改变这些旧俗。1907年，温世霖先生联合好友在北马路的启文阅报社楼上创办了《醒俗画报》，聘请陆辛农先生任主笔，宗旨就是“唤醒国民校正陋俗”。不久迁址到鼓楼东大街广东会馆附近。该画报为旬刊，每十天出一期，一方面对旧的婚俗、丧俗、岁时民俗中的陋习予以批判，对社会上发生的闹丧、砸轿等事件及时

·民国时期天津人结婚时的装束（图片提供：史建伟）

画图报道并加以评论;另一方面对一些移风易俗的新风尚,也及时报道并加以宣扬。如以“结婚新礼”为题,报道了私立中学马仁礼和普育女学张祝春老师的婚礼。这个婚礼是在普育女学的礼堂举行的,新娘没有坐轿而坐马车,新郎出来迎接,双方亲友和数百名学生参加了婚礼。婚礼程序是:①打铃进入礼堂;②主持人致喜词;③行同拜礼一跪三拜;④行交拜礼三揖;⑤谒见男方尊长;⑥谒见女方尊长;⑦行见双方平辈礼;⑧两家晚辈谒见礼;⑨谒见冰人行三揖;⑩两家互贺礼;⑪来宾贺礼;⑫谢来宾礼;⑬仆人贺礼并谢赏;⑬最后一项礼成,茶点招待。这个婚礼不设宴席,只有茶点,比我们现在的婚礼都简约。

进入民国时期,政府也提倡举行新式婚礼,就是集体结婚。几十对新人一起办个婚礼仪式,东马路的基督教青年会就举办过。

到中华人民共和国成立后,婚丧嫁娶的奢华、繁琐旧俗得以改变,结婚不再坐轿改坐汽车,人去世一律火化。对少数民族则尊重其民族习俗。

·民国时期天津城里人的集体婚礼(图片提供:樊鸿祥)

津言源起老城厢

天津本无城，永乐二年始设卫筑城，先后设立三卫，每卫士兵足额5 600人，合计16 800人。这些兵士都来自安徽北部的宿县、固镇、蒙城一带。他们列入军籍，称为军户，父亲老了退役由儿子补充，保持名额不缺，世代相传，所以家属都要随军。据史料记载，明代按每户平均六口人推算，就有十多万安徽人移民来到天津。按当时规定，应有百分之七十屯田，百分之三十驻守，以此推算，也有三万多人在老城里定居。这么多的外来人口在一起生活，日常交流自然会使用家乡语言，于是形成与外围本地居民语音不同的方言。这种方言不仅一代代地延续传承，而且渐渐扩展到城外，一些在城外居住的小群体，也慢慢被这种强势方言所同化，形成了天津方言岛，而老城里就是天津方言岛的中心。住在

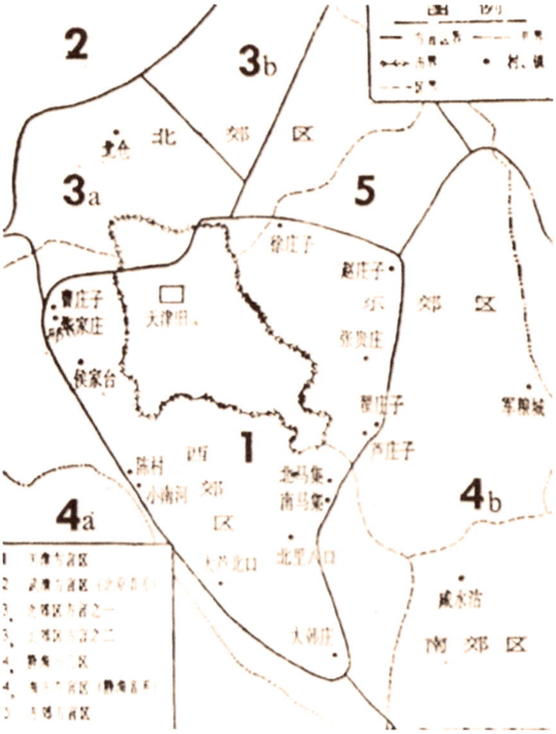

· 天津方言岛示意图（图片提供：张显明）

这个方言岛内的人，有着与周边地区不同的语音，这便是最初的接近皖北方言的天津方言。

天津方言的特点

天津与北京相距仅一百多公里，北京方言近似普通话，天津方言却与普通话发音有天壤之别。简单地说，天津话有四个特点：一是在声调上，阴平声普通话用高平调，天津话却用低平调，如“天”“西”；二是天津话齿音字多，把 zh、ch、sh 做声母的字读成 z、c、s 的齿音；三是天津话有许多儿化音，如“哏”叫“哏儿”，“东门脸”叫“东门脸儿”；四是天津人爱吃字，如“派出所”叫“派所”，“锦衣卫桥”叫“锦卫桥”。此外就是有些字，天津有特殊读音，如“阁”字用于楼阁的名词时，读成 gǎo，如玉皇阁、铃铛阁、水阁。

天津方言文化

天津方言在使用过程中，形成了一些特有的词汇以及与生活相关的民谚、俏皮话，这也是具有天津特色的一种文化。民国时期编写的天津志书《天津志略》中有“天津方言一斑”一章，收录了一些词汇，现摘录一部分：

霰叫饭拨落，雾凇叫树挂，今天叫今个，昨天叫夜个，地叫久地，黄昏叫擦黑儿，黎明叫蒙胡亮儿。

夫之兄叫大伯子，夫之弟叫小叔子，夫之姐叫大姑子，夫之妹叫小姑子，妻之父叫老丈人，妻之母叫丈母娘，女孩叫闺妮，结婚叫成家，出嫁叫出阁，出嫁女子叫姑奶奶，妊娠反应叫害孩子，商人叫买卖人，习商叫学买卖，技术工叫手艺人，学技术叫学手艺，仆人叫下人。

头的前部叫脑门儿，后部叫后脑勺儿，喉部叫嗓子眼，胸部叫心口，后背叫后脊梁，腋下叫胳子窝，体弱叫廉薄，强壮叫结实。

富裕叫宽绰，奢侈叫浮华，贫穷叫窄瘪，吝啬叫扣索，多叫好些个，少叫不点。

鸬鹚叫鱼鹰子，伯劳叫胡不拉，黄鼬叫黄鼠狼，蜥蜴叫蝎虎子，蝗虫叫蚂蚱，螳螂叫刀螂，蚰蜒叫钱串子，蚯蚓叫地蚕。

银元叫现洋，小硬币叫钢镚子，金戒指叫金嘎子。

天津方言中还有不少四字短语：

编笆造魔，吹灯拔蜡，大吃大喝，带搭不理，烦人托窍，隔三差五，鬼魔颠道，黑灯瞎火，胡吃闷睡，胡搅蛮缠，混吃等死，筋头巴脑，可丁可卯，撂爪就忘，没羞没臊，穷急生疯，人模狗样，神头鬼脸，死眉塌眼，歪打正着，瞎话白舌，严丝合缝，脏心烂肺。

天津过去民间流行一些谚语，也很有特色：

头伏饺子，二伏面，三伏烙饼炒鸡蛋。

头伏萝卜，二伏菜，三伏种荞麦。

不懂会规，别乱抄旗杆。

别把活鱼摔死卖。

别把官盐当私盐卖。

北门富，东门贵，南门贫，西门贱。

包子有肉不在褶上。

吃尽穿绝天津卫。

当当吃海货，不算不会过。

· 当当吃海货,不算不会过

鼓楼跺脚,四门乱颤。

花轿不走回头路。

河里没鱼市上看。

京油子,卫嘴子。

扛大个的三宗宝,勾子、垫肩、破棉袄。

脸皮厚吃个够，脸皮薄吃不着。

宁上鼓楼西，不听小婆子激。

刷子马勺韦陀庙，鸡毛掸子南头窑。

天津卫三宗宝，鼓楼、炮台、铃铛阁。

天津城绕水流，富贵没三辈，清官不到头。

烟台苹果莱阳梨，不如刘庄青萝卜。

要想富，开当铺。

一鲜，二鲙，三鳎目。

鱼生火，肉生痰，窝头咸菜保平安。

歇后语全国各地都有，天津人叫俏皮话，有些颇有天津特色：

拜佛进了玉皇阁——找错门了

北马路的鞋铺——有根

长元合的伙计——做蜡

白牌电车进租界——岔道

大德祥改祥记——缺大德

大饼卷蚂蚱——家（夹）吃去

宫北的帽铺——德兴（性）

狗不理的包子——一屉顶一屉

海光寺的住持——衡（横）宽

海张五修炮楼——小事一段

猴吃麻花——满拧

近视眼看天益斋——大概齐

警察打他爹——公事公办

老鹤龄——别晃悠

凉锅贴饼子——出溜了

穷老俄卖胰子——没法子

穷老俄卖毯子——扔脖子后边了

老太太上电车——你先别吹

梁嘴子过河——赵场(照常)办事

刘二爷剥蒜——两耽误

· 刘二爷剥蒜——两耽误

梅先生拔烟袋——不得已而为之

妙峰山的灵光——照远不照近

南门外的警察代管八里台子——管得宽

娘娘宫的小玩意——耍货

日本船——满丸(完)

三不管的把式——光说不练

水铺的锅盖——两拿着

肉包子打狗——有去无回

苏先生的膏药——没病找病

挑水的看大河——净是钱了

天津卫的鸭子——海逛

铁路警察——不管这一段儿

王胖子的裤腰带——稀松平常

杨瞎话讲报——信口开河

夜壶摆香堂——尿字班的

赵老二扛房檩——顶这了

后　记

我们怀着深深的老城情怀，历时三载，将浓浓的乡愁记录在此。

为了这套书，因共同的老城情缘而走到一起的七人团队利用双休日或晚餐后的时光，或全体、或部分、或走访、或研讨、或互相交换史料、或互相切磋，为准确地还原历史而达成共识。有时会因为新购到一本书、一张地图、一张老发票、一张老报纸、一张老照片而欣喜；有时会为一句话、一个提法而争辩商讨到子时；有时会因为睡眠中出现了灵感，立即起床奋笔疾书；有时已到深夜时分还在电话里、微信中探究真谛……所引用史料中对同一事件有不同记载或言之不详的内容，我们反复考证，力求精准；我们常常将已经写好的文章、已绘成的插图于研讨后推翻重写、重画。我们的目标只有一个——留住历史、留住乡愁。

今天我们将这套书倾情奉献给读者。

愿她慰藉老城邻友的思念；愿她能够传递到社会的方方面面，使乡情、乡音得以延续；愿她能够激发年轻人的老城情怀，将老城文化的精华薪火相传。

老城的老房子、老院落不见了，老城的老胡同消失了，但愿我们的文字、老照片和插画能够让读者记起那些曾经的时光。

在本书编写过程中我们得到了众多老城邻友、学者名人、名门后裔的大力帮助，在此一并致以诚挚的谢意！

由于我们的能力、阅历所限，有些内容还不尽完美，请您把尚需补充的内容，不吝赐教回馈给我们，这将是对我们工作莫大的肯定与支持。

最后，向长期理解、支持我们工作，为我们解除后顾之忧的家人们深表感谢！

老城忆看工作室

2016 年 6 月